Schriftenreihe der Deutschen Sektion
des Internationalen Instituts
für Verwaltungswissenschaften
Band 31

Prof. Dr. Andreas Voßkuhle (Hrsg.)

# Entbürokratisierung und Regulierung

Jahrestagung der Deutschen Sektion des Internationalen Instituts für Verwaltungswissenschaften vom 18. bis 19. November 2004 in Bonn

Nomos

Die Deutsche Bibliothek – CIP-Einheitsaufnahme

Die Deutsche Bibliothek verzeichnet diese Publikation in
der Deutschen Nationalbibliografie; detaillierte bibliografische
Daten sind im Internet über http://dnb.ddb.de abrufbar.

ISBN 3-8329-1761-6

1. Auflage 2006

# Inhaltsverzeichnis

# Bürokratisches Regieren
## – Eine governancetheoretische Perspektive –

*Prof. Dr. Gunnar Folke Schuppert, Wissenschaftszentrum Berlin*

## A Bürokratie: Mehltau oder Monster?

### I. Einige wohlfeile Beispiele

Im Auftrag der CDU/CSU-Fraktion vom 1. Juli 2003 mit dem programmatischen Titel „Freiheit wagen – Bürokratie abbauen"[1] – Bundestags-Debatte 15/1330 heißt es unter der Überschrift „Deutschland erstickt an zuviel Staat" wie folgt:
„Bürokratie hat sich wie Mehltau über unser Land gelegt. Seit Jahrzehnten wird der Abbau von Bürokratie gefordert. Dazu hat sich die Politik auf allen Ebenen bekannt. Trotz zahlreicher Bemühungen, Initiativen, vieler Kommissionen und Sachverständigengremien ist der Durchbruch beim Bürokratieabbau bisher ausgeblieben".

Das stimmt, kann man dazu nur sagen. Das wie auch immer näher zu beschreibende Ungeheuer der Bürokratie ist offenbar lebendiger denn je, wie die nachfolgenden vier Beispiele zeigen:

- Das erste Beispiel ist der inzwischen schon fast wieder vergessene Streit um die so genannte *Ausbildungsplatzabgabe*. Nur zur Erinnerung: die Gegner dieses Steuerungsinstruments, insbesondere aus den Kreisen der Wirtschaft, sprachen – wohl nicht zu Unrecht – von einem zu erwartenden *bürokratischen Monster*, das es zu verhindern gelte.[2]
- Das zweite Beispiel, das natürlich in diesem Zusammenhang nicht fehlen darf, ist die *Umsetzung von Hartz IV*, also die Einführung und die Implementation des Arbeitslosengeldes II. Die dieses Reformprojekt auch bürokratiekritisch begleitende Presse machte hier – wohl ebenfalls nicht zu unrecht – beeindruckende bürokratische Kosten des Vorhabens aus; so wußte der Fokus in einer Titelgeschichte im Oktober 2004[3] mit dem Titel „Beamten-Dschungelcamp" die folgenden drei Befunde zu erheben:
  (1) für die Zusammenlegung von Arbeitslosen- und Sozialhilfe entsteht als neue Institution eine Arbeitsgemeinschaft mit der BA – in 338 Kommunen
  (2) Rangeleien um Kompetenzen und Personal machen die gemeinsame Betreuung von Langzeitarbeitslosen zum zähen Ämter-Clinch.
  (3) Für die Arbeitsmarktreform sind 2005 9,65 Milliarden Euro veranschlagt, 3,3 Milliarden davon sind Verwaltungskosten.
- Das dritte Beispiel bezieht sich auf die vor allem durch rechtliche Regelungsvorschläge in Angriff genommene *Herstellung eines wettbewerbsfähigen Finanzplatzes*

1 Bundestags-Drucksache 15/330 vom 01. Juli 2003, S. 1.

2 Berliner Zeitung Nr. 222 vom 22. September 2004, S. 11: „In den Jubel stimme ich nicht ein." Interview mit Helmut Pütz, Bundesinstitut für Berufsbildung.

3 FOCUS, Ausgabe Nr. 45 vom 30. Oktober 2004, S. 22: „Beamten-Dschungelcamp".

*Europa.* In einem Bericht der süddeutschen Zeitung vom 9./10.10.2004 über eine Tagung zum Thema „Die Zukunft des Finanzplatzes Europa – zwischen Integration und Überregulierung“ heißt es dazu auszugsweise wie folgt[4]: „Bundesbank-Vizepräsident Jürgen Stark hielt von der Brüsseler Richtlinienflut gar nichts. Er meinte: *„Man kann von einem bürokratischen ‚Overkill' sprechen“*, und plädierte für ein marktgetriebenes Zusammenwachsen in Europa. Durch Regulierung allein entstünde ohnehin kein Binnenmarkt. ... Die Berliner Gesetzgeber waren bisher auch schon fleißig und haben eine Fülle neuer Regeln erlassen, deren Namen echte Zungenbrecher sind, wie etwa das TranPuG (Transparenz- und Publizitätsgesetz), das FMFG (Finanzmarktförderungsgesetz), das BilKoG (Bilanzkontrollgesetz), das BilReG (Bilanzrechtsreformgesetz), das UMAG (Gesetz zur Unternehmensintegrität und Modernisierung des Anfechtungsrechts), das AnSVG (Anlegerschutzverbesserungs-Gesetz), das KapMUG (Kapitalanlegermusterverfahrens-Gesetz) und das KapInHaG (Kapitalinformationshaftungs-Gesetz).“ Diese Aufzählung scheint uns wichtig zu sein, weil sie die Regelungsintensität moderner politischer Steuerung[5] zutreffend beleuchtet.

- Das vierte und letzte Beispiel schließlich greift den so genannten *Gesundheitskompromiss* auf, auf den sich CDU und CSU als gemeinsame Position verständigt haben. Die Berliner Zeitung vom 17.11.2004 bemerkt dazu folgendes[6]: „Der Arbeitnehmerflügel CSA stellte sich am Dienstag in Passau ausdrücklich hinter seinen Vorsitzenden Seehofer und attackierte den Kompromiß als ‚Mogel-Packung-Kopfpauschale' und *‚überbürokratisches Monster'*.“

Aber das „Monster Bürokratie“ ist nicht nur ein nationalstaatliches oder gar typisch deutsches Monster, sein offenbar inzwischen fast bevorzugter Lebensraum ist das *Europäische Mehrebenensystem*, also einmal die Brüsseler Bürokratie selbst, aber auch die vielfältigen Koordinationsmechanismen, die in einem solchen Mehrebenensystem unverzichtbar sind.[7] Leider haben wir im Rahmen dieses Vortrages nicht die Zeit, auch das bürokratische Regieren in EU-Europa zu behandeln, so dass nur der Ausweg bleibt, auf Untersuchungen über *spezifische Formen europäischen Regierens* zu verweisen, wie etwa das als Komitologie bekannte Ausschusswesen, das zwischen kafkaesker Bürokratie und deliberativem Regieren verortet wird[8] oder auf die überaus informative Darstellung Maurizio Bachs über „Europa als bürokratische Herrschaft. Verwaltungsstrukturen und bürokratische Politik in der Europäischen Union“[9].

---

4 Süddeutsche Zeitung Nr. 235 vom 9./10. Oktober 2004, S. 29: „Zweifel am Segen der Finanzgesetze“.

5 Vgl. dazu mit Nachweisen *Gunnar Folke Schuppert*, Governance im Spiegel der Wissenschaftsdisziplinen, in: derselbe (Hrsg.), Governance-Forschung: Vergewisserung über Stand und Entwicklungslinien, Baden-Baden 2005 (i. E.).

6 Berliner Zeitung Nr. 270 vom 17. November 2004, S. 6: „CSU bangt um Seehofer“.

7 Siehe dazu *Arthur Benz*, Governance in Mehrebenensystemen, in: G.F. Schuppert (Fn. 5).

8 *Christian Joerges*, Die Europäische „Komitologie“: Kafkaeske Bürokratie oder Beispiel „deliberativen Regierens“ im Binnenmarkt, in: derselbe/Josef Falke (Hrsg.), Das Ausschußwesen der Europäischen Union, Baden-Baden 1999, S. 15-39.

9 Erscheint in Schuppert (Hrsg.), Governance-Forschung (Fn. 5).

## II. Zwischenbilanz

Schon an dieser Stelle scheint es erforderlich, sich über das weitere Vorgehen klar zu werden. Offenbar – das ist die erste Lektion – ist gegen bürokratische Kosten kein Kraut gewachsen, wenn das diese Kosten verursachende Projekt und seine gesetzliche Umsetzung *politisch gewollt wird.* Politisches Entscheiden folgt seiner eigenen Logik[10] und dies bedeutet, dass der Aspekt der bürokratischen Kosten nur ein Abwägungsbelang unter vielen anderen ist und – wenn es um die Demonstration politischen Gestaltungswillens oder die Durchsetzung überfälliger Reformen geht – naturgemäß auch nicht der prominenteste sein kann.

Wenn dies richtig ist, dann macht es keinen Sinn, die *Bürokratieabbaudiskussion*, deren Stand ja bei *Herrmann Hill* facettenreich und gut informiert zusammengefasst worden ist[11], um einen weiteren Masterplan zu bereichern, mit dem eine Art Checkliste angeboten wird, nach dessen erfolgreicher Abarbeitung dem bürokratischen Monster die Luft ausgegangen sein wird. Wenn es aber darum geht, etwas Neues zur Bürokratiediskussion beizutragen – und das wollen wir natürlich versuchen – dann kann dies nur gelingen, wenn eine *neue Perspektive* gewählt wird, mittels derer – wegen des andersartigen Beleuchtungswinkels[12] – neue oder zumindest andere Gesichtspunkte in den Vordergrund rücken. Diese von uns gewählte Perspektive soll die *governancetheoretische Perspektive*[13] sein.

# B Bürokratie und Hierarchie als Governance-Klassiker der Moderne

## I. Moderne und vormoderne Institutionenkultur

Der Begriff der *Institutionenkultur* und die Unterscheidung von vormoderner und moderner Institutionenkultur findet sich in der viel beachteten „Geschichte der Staatsgewalt“ *Wolfgang Reinhards*, in der er die These aufstellt, dass einer bestimmten Kultur oder Epoche auch eine bestimmte Institutionenkultur entspricht.[14] Als Beispiel für eine *vormoderne Institutionenkultur* gilt ihm die *Institution des Lehnswesens*, die deswegen einen modernen Charakter hat, weil sie – ablesbar an dem persönlichen Treueeid und der mit der Eingehung des Lehnsverhältnisses verbundenen „traditio personae“ – das

10 Vgl. dazu die Beiträge in Klaus Dicke (Hrsg.), Politisches Entscheiden, Baden-Baden 2001; reiches Anschauungsmaterial bei *Karl-Rudolf Korte/Manuel Fröhlich*, Politik und Regieren in Deutschland. Strukturen, Prozesse, Entscheidungen, Paderborn u. a. 2004.

11 *Herrmann Hill*, Bürokratieabbau und Verwaltungsmodernisierung, DÖV 2004, S. 721-729.

12 Zum disziplinenübergreifenden staatswissenschaftlichen Ansatz als „Beleuchtungstechnik“ siehe *G. F. Schuppert*, Staatswissenschaft, Baden-Baden 2003, S. 29 ff.

13 Zu ihrer Entfaltung siehe nunmehr die Beiträge in: G. F. Schuppert (Hrsg.), Governance-Forschung (Fn. 5), insbesondere den Einleitungsbeitrag von *Renate Mayntz*, Governance-Theory als fortentwickelte Steuerungstheorie (ebenda).

14 *Wolfgang Reinhard*, Geschichte der Staatsgewalt. Eine vergleichende Verfassungsgeschichte Europas von den Anfängen bis zur Gegenwart, München 1999, S. 125 ff.

*personelle Herrschaftsverständnis* der Vormoderne in reinster Form zum Ausdruck bringt;[15] *Uwe Wesel* spricht anschaulich von der Klammerfunktion des Lehnswesens im Netzwerk der personalen Herrschaftsbeziehungen des Mittelalters.[16] Das Lehnswesen ist aber auch deswegen ein interessantes Beispiel, weil seine Entwicklung durch die Ausformung eines eigenen Rechtsregimes – des Lehnsrechts – flankiert worden ist, so dass wir angesichts dieser *rechtlich ausgeformten Governancestrukturen* von einer engen Verbindung von Institutionenkultur und Rechtskultur sprechen können.

Es wird niemanden überraschen, dass das von *Reinhard* zur Illustration des *Typus moderner Institutionenkultur* gewählte Beispiel das der bürokratischen Verwaltung im Sinne Max Webers ist und er insoweit vom *„modernen Amtsbegriff“*[17] spricht und den Typus legaler Herrschaft als *moderne Herrschaft* bezeichnet: modern deshalb, weil es hierbei nicht mehr um ein persönliches Herrschaftsverständnis geht, sondern um ein die Herrschaftsbeziehungen *entpersönlichendes Amtsverständnis* und die Herrschaft qua ohne Ansehen der Person geltenden „gesatzten“ Rechts.

## II. Die bürokratische Verwaltung als Erfolgsmodell neuzeitlicher Verwaltungskultur

In klassischer und nach wie vor beeindruckender Weise ist die Verfasstheit des modernen Staates als bürokratischer Verwaltungsstaat von Max Weber herausgearbeitet worden, dessen Modell bürokratischer Herrschaft hier nicht noch einmal skizziert werden muss.[18] Uns interessiert vielmehr die Frage, warum dieses Bürokratiemodell so erfolgreich war (und ist) und worin seine besondere *institutionelle Kompetenz* besteht. Wir befragen dazu zwei Zeugen, die uns zur Beantwortung dieser Frage besonders geeignet erscheinen.

Der erste Zeuge ist der Historiker *Lutz Raphael*, der in seiner Beschäftigung mit „Herrschaft durch Verwaltung im 19. Jahrhundert“ den Aufstieg der modernen Bürokratie im Zeichen gesellschaftlicher Umbrüche untersucht hat[19] und nach Referierung verschiedener bürokratiekritischer Gesichtspunkte zu dem folgenden, doch recht eindeutigen Befund kommt:[20]

„*Effizienz und Flexibilität* gehören zu den aus heutiger Sicht überraschenden Eigenschaften reformierter Verwaltungsstaaten seit den 1760er Jahren. Eine solche Behauptung bedarf angesichts der scharfen Kritik am Bürokratismus gerade im 19. Jahrhundert

15 Vgl. dazu *Heinrich Mitteis*, Lehnrecht und Staatsgewalt. Untersuchungen zur mittelalterlichen Verfassungsgeschichte, Weimar 1958.

16 *Uwe Wesel*, Geschichte des Rechts, 2. Aufl., München 2001, S. 282.

17 *Reinhard* (Fn. 14), S. 126.

18 Vgl. dazu die Darstellung bei *Renate Mayntz*, Max Webers Idealtypus der Bürokratie und die Organisationssoziologie, in: dieselbe (Hrsg.), Bürokratische Organisation, Köln u. a. 1968, S. 27 ff.

19 *Lutz Raphael*, Recht und Ordnung. Herrschaft durch Verwaltung im 19. Jahrhundert, Frankfurt a. M. 2000.

20 Fn. 19, S. 12.

der näheren Begründung. Sie stützt sich hauptsächlich auf den Problemdruck, an dem der neuartige Rechts- und Verwaltungsstaat sich bewähren musste. Die Verwaltungen des 19. Jahrhunderts hatten mit einer bis dahin unbekannten *Beschleunigung wirtschaftlicher und sozialer Prozesse* zu tun; ja bisweilen waren sie es, die diese Dynamik zu entfachen oder zu beschleunigen suchten. *Der Verwaltungs- und Rechtsstaat war die ordnungspolitische Begleiterscheinung umfassender sozialer, kultureller und vor allem ökonomischer Mobilisierungsprozesse.* Gleich mit welchen Etiketten man diese tiefgreifenden Einschnitte in die längeren Entwicklungstrends der europäischen Geschichte versieht, ob man sie als Modernisierung, Moderne, Aufbruch in die kapitalistische Weltordnung oder sonst wie bezeichnet, immer bleiben die *Leistungen und Funktionen der Bürokratie ein unverzichtbares Element dieses Übergangs* und gehören zu den prägenden Grundlagen unserer Gegenwart, so skeptisch und misstrauisch man auch angesichts der beiden erstgenannten Gesichtspunkte hinsichtlich ihrer Zukunftsperspektiven sein mag."

Der zweite Zeuge ist der Politikwissenschaftler *Arthur Benz*, von dem erwartete werden darf, daß er in seinem Buch „*Der moderne Staat*" auch etwas über die Rolle der diesen modernen Staat kennzeichnenden modernen Bürokratie zu sagen weiß; auch er bescheinigt der Bürokratie *vier besondere Leistungen*, von denen die ersten beiden die Aufgabenerfüllung des Staates und die letzten beiden das Verhältnis von Staat und Gesellschaft betreffen:[21]

- „Der moderne Leistungsstaat profitiert von der Effektivitäts- und Effizienzsteigerung, die durch den Übergang zur bürokratischen Verwaltung erreicht wird. Fachschulung, Personalrekrutierung nach Qualifikation und *Professionalisierung der Verwaltung* sind dafür verantwortlich.
- Erst eine bürokratische Verwaltung ermöglicht die *Lenkung von großtechnischen Systemen der Infrastruktur*. Diese bedürfen einer spezifischen Organisation, die einerseits die Fachkompetenz von Experten nutzt, die andererseits aber auch eine präzise Koordination und Kontrolle von Abläufen ermöglicht.
- Bürokratische Verwaltung ist für ihre Adressaten *berechenbar*. In erster Linie wird dies durch Regelbindung und Formalisierung gewährleistet. Berechenbarkeit trägt wesentlich dazu bei, die Beziehungen zwischen Staat und privaten Wirtschaftsbetrieben effizient zu gestalten.
- Im Hinblick auf die Demokratie sind die Merkmale der *Gesetzesbindung und Kontrollierbarkeit der vollziehenden Gewalt* für die Politik von essenzieller Bedeutung. Bürokratische Verwaltung ist nichts anderes als ein Instrument zur Durchsetzung von Gesetzen und Programmen, die in demokratischen Verfahren zustande gekommen sind. Keine anderen Erwägungen als die Einhaltung von Recht und Gesetz sollen in Entscheidungen einfließen. Formalität und Schriftlichkeit erlauben es, die Rechtmäßigkeit des Verwaltungshandelns zu überprüfen und rechtswidrige Entscheidungen zu korrigieren. Die hierarchische Organisation sichert die parlamentarische Verantwortlichkeit der Verwaltungsbehörden. Der verantwortliche Minister muss sich darauf verlassen können, dass seine Anordnungen, die er vor dem Parla-

21 *Arthur Benz*, Der moderne Staat. Grundlagen einer politologischen Analyse, München 2001, S. 131/132.

ment zu vertreten hat, auch bei den untersten Beamten seines Ministeriums durchgeführt werden.[22]

Ähnlich wie *Wolfgang Reinhard* operiert auch *Benz* mit dem Begriffspaar „modern und vormodern" und stellt die folgenden Merkmale der vormodernen Verwaltung und der Bürokratie als Verkörperung der modernen Verwaltung einander gegenüber[23]

| Vormoderne Verwaltung | Bürokratie |
|---|---|
| • Verwaltung als Machtinstrument des Herrschers | • Verwaltung als staatliche Institution |
| • Amt und Verwaltungsmittel sind Privatbesitz | • Amt und Verwaltungsmittel gehören dem Staat |
| • Zuteilung eines Amtes als Privileg oder Ämterkauf | • Zuteilung eines Amtes nach Qualifikation |
| • Amt als Einkommensquelle | • feste Besoldung der Beamten |
| • Laienverwaltung | • professionelle Verwaltung |
| • Willkür | • Regelgebundenheit |
| • Informale Verwaltung | • Schriftlichkeit, Formalisierung |
| • Keine systematische Kontrolle der Verwaltungstätigkeit | • Systematische Kontrolle der Verwaltungstätigkeit in einer hierarchischen Organisation |

## III. Zwischenbilanz

Interessant an diesen Benz'schen Auflistungen ist die starke Betonung des Vorteils der *Berechenbarkeit des Verwaltungshandelns*, die insbesondere durch die Gesetzesbindung der Verwaltung und ihre politische wie gerichtliche Kontrollierbarkeit gewährleistet wird. Damit werden – wie auch im Weltentwicklungsbericht der Weltbank von 1997[24] – die *klassischen Tugenden der Rechtsstaatlichkeit* beschworen, die – wie die aktuelle Diskussion über „failed states"[25] und „state-building"[26] zeigt – Rechtstaatlichkeit als

22 *Klaus von Beyme*, Die parlamentarische Demokratie. Entstehung und Funktionsweise 1789-1999, Opladen 1999, S. 131.

23 Fn. 21, S. 133.

24 Internationale Bank für Wiederaufbau/Weltbank, Weltentwicklungsbericht 1997: „Der Staat in einer sich ändernden Welt", Bonn 1997.

25 Siehe etwa *Robert J. Rotberg*, Failed States, Collapsed States, Weak States: Causes and Indicators, in: derselbe (Hrsg.), State Failure and State Weakness in a Time of Terror, Washington D.C. 2003, S. 1-25.

26 *Francis Fukuyama*, State-Building. Governance and World Order in the Twenty-First Century, London 2004.

unverzichtbare *Governanceressource*[27], und berechenbares Verwaltungshandeln als moderner denn je ausweisen.

Nun könnte man dem allerdings entgegenhalten wollen, dass die *historischen Verdienste des Bürokratiemodells* zwar unbestritten seien, es aber gleichwohl auf den organisationstheoretischen und organisationsrechtlichen Kirchhof gehöre, weil die anfängliche Dynamik längst einer für hierarchisch organisierte Großorganisationen typischen Erstarrung und die Flexibilität der Problemlösung einem regelhaften Schematismus gewichen wären; kurzum, weil die bürokratischen Kosten des Regierens nunmehr jedenfalls die reklamierten Vorteile der Bürokratie deutlich überwögen.

Bevor man sich einer solchen zum Teil natürlich berechtigten Bürokratiekritik[28] oder gar einer wohlfeilen Bürokratieschelte[29] anvertraut, sollte man sich kurz Rechenschaft darüber ablegen, woran es wohl liegen mag, dass das Modell bürokratischen Regierens nach wie vor so dominant ist und dass – trotz heftiger Anstrengungen zum Bürokratieabbau, vor allem in Gestalt einer Bekämpfung der immer wieder beklagten Normenflut[30] – ein *Alternativmodell* weder theoretisch noch praktisch in Sicht ist: die viel diskutierten *Netzwerke* als Organisationsform der postetatistischen Gesellschaft[31] mögen – was wir durchaus nicht verkennen[32] – auch für die moderne Verwaltung zunehmend an Bedeutung gewinnen und in manchen Bereichen bürokratisch-hierarchisches Verwalten ergänzen oder substituieren, ein genereller Ersatz für die Routine täglichen bürokratischen Regierens sind sie nicht und können sie auch nicht sein.

Vergewissert man sich nun über die Ursachen des andauernden Erfolgs des Modells bürokratischen Verwaltens, so stößt man auf eine Erklärung, die wir als *rechts- und verwaltungskulturelle Erklärung* bezeichnen wollen, die also das Bürokratiemodell nicht primär in den Kategorien der Organisationstheorie[33] oder der Institutionenökonomie[34] diskutiert, sondern ihren Erfolg letztendlich *kulturwissenschaftlich* erklärt, indem sie die gewachsene *Rechts-* und *Institutionenkultur* einer Gesellschaft als Teil ihrer *politischen Kultur* begreift.[35] Das wollen wir jetzt kurz unter einer Überschrift erläutern, die

27 Dazu *G. F. Schuppert*, Rechtsstaatlichkeit als Governance-Ressource, erscheint in: Thomas Risse/G. F. Schuppert (Hrsg.), Governance in Räumen begrenzter Staatlichkeit, Baden-Baden 2005 (i. E.).

28 Vgl: den Überblick bei *Dieter Grunow*, Bürokratietheoretische Ansätze, in: Dieter Nohlen (Hrsg.), Lexikon der Politik, Band 2: Politikwissenschaftliche Methoden, herausgegeben von Jürgen Kriz u.a., München 1994, S. 59 ff.

29 *Eva Kreisky*, Bürokratie als Kultur? Über den Bürokraten in uns und neben uns, in: Österreichische Zeitschrift für Politikwissenschaft (ÖZP) 1972, S. 27 ff.

30 Eine abgewogene Darstellung findet sich bei *Daniel Boerlin/Gottlieb Andreas Keller/Christoph Zumstein*, Die Normflut als Rechtsproblem, in: Kurt Eichenberger u.a. (Hrsg.), Grundfragen der Rechtsetzung, Basel 1978, S. 295 ff.

31 Vgl. *Dirk Messner*, Netzwerktheorien: Die Suche nach Ursachen und Auswegen aus der Krise staatlicher Steuerungsfähigkeit, in: Elmar Altvater u.a. (Hrsg.), Vernetzt und Verstrickt. Nicht-Regierungs-Organisationen als gesellschaftliche Produktivkraft, 2. Auflage Münster 2000, S. 28 ff.

32 *G. F. Schuppert*, Verwaltungswissenschaft. Verwaltung, Verwaltungsrecht, Verwaltungslehre, Baden-Baden 2000, S. 384 ff.

33 Dazu *Wolfgang Schluchter*, Aspekte bürokratischer Herrschaft, München 1972.

34 *Ulrich Roppel*, Ökonomische Theorie der Bürokratie, Freiburg 1979.

35 Vgl. *Gordon Smith*, A Model of the Bureaucratic Culture, in: Political Studies 22 (1974), S. 31-43.

eine berühmte Reklame-Formulierung für die Whisky-Sorte „Jonny Walker“ wiedergibt und die uns angesichts der *Zählebigkeit des Bürokratiemodells* gut zu passen scheint.

## C Bureaucratic Administration – born 1820, still going strong

Wenn wir uns die offenbar ungebrochene Lebensfähigkeit des Modells bürokratischen Regierens erklären wollen, so lassen sich drei zur Gesundheit des Bürokratiemodells beitragende Faktoren ausmachen, die wir jedenfalls kurz streifen wollen:

### I. Die verfassungsrechtliche Fundierung des Bürokratiemodells: bürokratisches Regieren als Transmissionsriemen des Demokratieprinzips

Dass das Bürokratiemodell nicht in die Traditionskompanie des frühabsolutistischen Staates verbannt werden kann, sondern ihm auch und vor allem im demokratisch verfassten Gemeinwesen ein zentraler Rang zukommt, ist von *Horst Dreier* in seinem Buch über die „Hierarchische Verwaltung im demokratischen Staat“[36] überzeugend herausgearbeitet worden; der Sache nach steuerungstheoretisch argumentierend, führt er dazu zunächst folgendes aus:[37]

„Auch im demokratischen Staat behält demzufolge – nur scheinbar paradox – die hierarchische Organisation der Verwaltung ihren Sinn. Wegen des Zieles, den Willen des demokratischen Gesetzgebers möglichst unverfälscht zu realisieren, erweist sich das auf Bürosystem, striktem Weisungsrecht und Berufsbeamtentum beruhende hierarchische Modell mit seinen plausibel zu vermutenden Vorteilen größerer Sachlichkeit, höherer Unparteilichkeit und reiner Rechtlichkeit auch für die Demokratie als geeignet und adäquat.“

Aber nicht nur der Gesichtspunkt der Gesetzesbindung „punktet“ für das Hierarchieprinzip, sondern auch das parlamentarische Regierungssystem prägende Prinzip parlamentarischer Kontrolle und Verantwortlichkeit der Exekutive; insoweit ist also der Organisationsbaustein „Hierarchie“ gleich in zweifacher Weise verfassungsrechtlich fundiert[38]:

„Deutlich wird insgesamt die doppelte Fundamentierung des hierarchischen, besser: demokratisch-hierarchischen Kontrollsystems, das der Verwaltungsorganisation im parlamentarischen Regierungssystem ein spezielles Profil gibt. Es wurzelt zum einen im Gedanken der Gesetzesbindung der Verwaltung und der Kontrolle der Regierung durch das Parlament: Beides untermauert die These vom instrumentellen Charakter der Exekutive und trägt in sich wechselseitig stützender und ergänzender Weise dem Erfordernis demokratischer Legitimation des gesamten staatlichen Handelns Rechnung.“

---

36 *Horst Dreier*, Hierarchische Verwaltung im demokratischen Staat. Genese, aktuelle Bedeutung und funktionelle Grenzen eines Bauprinzips der Exekutive, Tübingen 1991.

37 Fn. 36, S. 125/126.

38 Fn. 36, S. 139.

## II. Wesentlichkeitstheorie und legalistische Verwaltungskultur

Dieser Zusammenhang von ebenso präziser und umfassender gesetzlicher Direktion des Verwaltungshandelns und einer den gesetzgeberischen Steuerungsimpetus umsetzenden Verwaltung erfährt eine zusätzliche Verstärkung durch die sog. Wesentlichkeitstheorie des Bundesverfassungsgerichts, der zufolge das Parlament zentrale Fragen des menschlichen Zusammenlebens – insbesondere solcher von grundrechtlicher Relevanz – selbst regeln muss und sie nicht an die Verwaltung delegieren darf.[39] Zu diesem Verstärkungseffekt heißt es in der Untersuchung von *Marian Döhler* über „Die begrenzte Rationalität von Delegation und Steuerung in der Bundesverwaltung[40] durchaus plausibel wie folgt: „Diese in der Tendenz ‚delegationsfeindliche' Anforderung an die Gesetzgebung ist mit dem normativen Bild der Verwaltung kompatibel, die keinen eigenständigen Beitrag zum Gesetzesvollzug liefert und deren Ermessensspielräume gering zu halten sind. Die unscharfen Konturen des Wesentlichkeitskriteriums haben zwar verhindert, dass daraus eine Schranke für delegierbare Gesetzmaterien entstehen konnte, aber sein gegen administrative Handlungsspielräume gerichteter bias unterstützt das normative Modell einer hierarchisch aufgebauten und gesteuerten Verwaltung."

Dies alles hat nichts – um dies klarzustellen – mit dem schon fast rituellen Beklagen der Normenflut zu tun, sondern es geht um die Auswirkungen einer bestimmten Rechts- und Verwaltungskultur, ein Aspekt, der von *Werner Jann* – wenn auch in etwas anderem Zusammenhang – bei der Sachverständigenanhörung „Bürokratieabbau" am 28. Juni 2004 zutreffend wie folgt hervorgehoben worden ist:[41]

„Ich will einen Punkt erwähnen, der auch von der OECD immer wieder hervorgehoben wird: Das ist die vorherrschende Ausbildung und Sozialisierung in der bundesdeutschen Verwaltung. Nach Ansicht der OECD beruhen gute regulative Praktiken gerade nicht nur auf prozeduralen Anweisungen, sondern auf einer bestimmten Kultur der Verwaltung. In Deutschland, so heißt es weiter wörtlich im Bericht der OECD, beruhen Aktionen der Regierung auf einem exzessiven legalistischen Ansatz als Standard für Qualität. Es wird dort in diesem Zusammenhang ausdrücklich auf die bei uns vorherrschende juristische Ausbildung unseres höheren Dienstes verwiesen. Ich halte das für einen wichtigen Hinweis."

Dem ist – außer Zustimmung – nichts hinzuzufügen.

---

39 Vgl. Zusammenfassend *Michael Nierhaus*, Bestimmtheitsgebot und Delegationsverbot des Art. 80, Abs. 1, Satz 2 GG und der Gesetzesvorbehalt der Wesentlichkeitstheorie, in: Joachim Burmeister u.a. (Hrsg.), Verfassungsstaatlichkeit. Festschrift für Klaus Stern zum 65. Geburtstag, München 1997, S. 717-732.

40 *Marian Döhler*, Die begrenzte Rationalität von Delegation und Steuerung in der Bundesverwaltung, in: Steffen Ganghof/Philip Manow (Hrsg.), Theoretische Perspektiven auf das deutsche Regierungssystem, Frankfurt a.M./New York (i.E.).

41 Deutscher Bundestag, 15. Wahlperiode, Protokoll Nr. 15/40 der öffentlichen Anhörung der Sitzung des Innenausschusses am 28. Juni 2005 zum Thema „Bürokratieabbau", S. 23.

## III. Ein auf hierarchische Steuerung ausgerichtetes öffentliches Recht[42]

In seinem Beitrag über „Governance im Gewährleistungsstaat" weist *Wolfgang Hoffmann-Riem* zu Recht darauf hin, dass *das öffentliche Recht* in seiner Entwicklungsgeschichte *auf hierarchische Steuerung ausgerichtet* sei und die in deren Anwendung geübten Akteure sich nunmehr veranlasst sähen, „Vorsorge für neue persönliche und organisatorische Handlungskompetenzen zu treffen, um die Erfüllung der fortbestehenden staatlichen Aufgaben in dem veränderten Umfeld unter Nutzung des koordinativ und kooperativ ausgerichteten Handlungsinstrumentariums hinreichend sichern zu können.[43] Dieser enge Zusammenhang des öffentlichen Rechts mit hierarchischer Steuerung zeigt sich sowohl in der – wie *Franz Wieacker* es genannt hat – „Machtergreifung des öffentlichen Rechts"[44] mit Beginn der modernen Industriegesellschaft wie in den Handlungsformen des öffentlichen Rechts, die ihre obrigkeitlich-hierarchische Herkunft kaum verleugnen können. Aber diese Entwicklungslinien sind von *Michael Stolleis* kompetent aufgearbeitet worden[45] und brauchen hier nicht noch einmal nachgezeichnet zu werden.

Verblüffend aber ist, in welchem Umfang trotz aller inzwischen stattgefundenen Wandlungsprozesse, der Charakterisierung des hoheitlichen Staates als Auslaufmodell[46] und des Vordringens konsensualer Steuerungstechniken[47], *das Hierarchieprinzip immer noch als Bezugspunkt der Argumentation fungiert* und die Folien bildet, vor der neuere Entwicklungen abgebildet werden. Gerade der soeben zitierte Beitrag von *Hoffmann-Riem* ist dafür ein gutes Beispiel. Unter dem Stichwort „Aufgabenwandel des Staates" heißt es etwa wie folgt: „Auch wenn er (der Staat) einen Teil seiner bisherigen Aufgaben eventuell abbauen kann, bleibt die an ihn gerichtete Erwartung, zur Aufgabenerfüllung bereitzustehen, groß. Relativ neu ist aber, dass *vom Staat* zugleich *erwartet wird, diese Aufgaben nicht vorrangig in hierarchischen Handlungsmodellen zu erfüllen*, sondern sich vermehrt den Möglichkeiten und Herausforderungen eines Zusammenspiels von gesellschaftlicher Selbstregulierung und staatlicher Verantwortung zu stellen"[48]. Und unter der Überschrift „Der Staat als Akteur – staatliche Akteure" formuliert *Hoffmann-Riem* den folgenden Befund: „Veränderte Modi der Aufgabenerfüllung zeigen sich insbesondere darin, dass der Staat Gemeinwohlsicherung möglichst nicht mehr in der vertikalen, also unter *Nutzung seiner hierarchischen Überlegenheit* betreibt", sondern eher durch vermehrten Zugriff auf Formen horizontaler Regulierung. Und wenn schon die Hierarchie nicht völlig ausgeblendet werden kann, so wirft sie doch ihren wei-

42 Dazu *Wolfgang Hoffmann-Riem*, Governance im Gewährleistungsstaat. Vom Nutzen der Governance-Perspektive für die Rechtswissenschaft, in: G. F. Schuppert (Hrsg.), Governance-Forschung (Fn. 5, i.E.).

43 Fn. 42, Manuskriptfassung, S. 15.

44 *Franz Wieacker*, Industriegesellschaft und Privatrechtsordnung, 1974, S. 36, 39.

45 *Michael Stolleis*, Die Entstehung des Interventionsstaates und das öffentliche Recht, in: Zeitschrift für neuere Rechtsgeschichte 1989, S. 129 ff.

46 Vgl. *Albert Dehnhard*, Der Staat: Auslauf- oder Zukunftsmodell?, in: Christoph Buttenwege/Martin Kutscha/Sabine Berghahn (Hrsg.), Herrschaft des Marktes – Abschied vom Staat?, 1999, S. 11 ff.

47 Nachweise bei *G.F. Schuppert*, Verwaltungswissenschaft (Fn. 32), S. 115 ff.

48 Fn. 42, S. 12.

ten Schatten:[49] „Der in horizontalen Beziehungen handelnde Staat ist im »*Schatten der Hierarchie*« in vielem (nicht stets) handlungsmächtiger als er es allein aufgrund der ihm verfügbaren sonstigen (rechtlichen, personellen, finanziellen u.ä.) Ressourcen wäre."[50]

## IV. Zwischenbilanz

Die Überlegungen zur zähen Lebenskraft des Bürokratiemodells haben – wie wir finden – zu einem durchaus interessanten Ergebnis geführt. Es ging in ihnen bezeichnender Weise nicht um die Frage der bürokratischen = effizienten oder ineffizienten Aufgabenerfüllung oder um bürokratisches = inflexibles und Ressourcen verschwendendes Verwalten, sondern um das Phänomen der „*embedded bureaucracy*", also die Einbettung und Verwurzelung des Modells bürokratischen Regierens und Verwaltens in die *politische Kultur Deutschlands*, wobei politische Kultur hier nicht in dem verengten Sinne der politischen Einstellung zum jeweiligen Gemeinwesen verstanden wird[51], wie bei den insoweit irreführenden Klassikern Almond und Verba[52], sondern als eine *Kultur des Öffentlichen*[53], die sowohl die für ein bestimmtes Gemeinwesen typische *Institutionen-* und *Konfliktkultur* als auch seine charakteristische *Rechts- und Verwaltungskultur* umfasst: insoweit greift jede nur kleinteilig-betriebswissenschaftliche oder ausschließlich in Management-Kategorien denkende Bürokratiekritik notwendig zu kurz.

49 Vgl. hierzu die inzwischen klassische Formulierung zum Agieren im Schatten der Hierarchie bei *Fritz W. Scharpf*, „Positive und negative Koordination in Verhandlungssystemen, in: Adrienne Héritier (Hrsg.), Policy-Analyse, PVS-Sonderhaft 24, Opladen 1993, S. 57 ff., 67.

50 Fn. 42, S. 15.

51 So aber wohl der Mainstream in der Politikwissenschaft, vgl. stellvertretend *Manuela Glab/Karl-Rudolf Korte*, Politische Kultur, in: Werner Weidenfeld/Karl Rudolf Korte (Hrsg.), Handbuch der Deutschen Einheit 1949-1989-1999, 1999, S. 642 ff.

52 *Gabriel A. Almond/Sidney Verba*, The Civic Culture, Princeton/New Jersey 1963.

53 Ein bißchen in die Richtung gehend *Alfred Rinken*, Geschichte und heutige Valenzen des Öffentlichen, in: Gerd Winter (Hrsg.), Das Öffentliche heute. Kolloquium zu Ehren von Alfred Rinken, Baden-Baden 2002, S. 7-74.

## D From Bismarck to Benchmark oder Strategien zur Qualitätssteigerung bürokratischen Regierens (improving good governance)

### I. Bürokratisches Regieren als Management-Aufgabe oder Bürokratieabbau durch Umdenken

#### *1. Management-Lehre als Steuerungswissenschaft*

Dass die Disziplin der Verwaltungswissenschaft besonders fruchtbar als Steuerungswissenschaft konzeptualisiert werden kann und sollte, ist seit langem unser Credo und die von uns vorgelegte Verwaltungswissenschaft[54] ist daher auch konsequent einem steuerungswissenschaftlichen Ansatz verpflichtet.[55] Aber auch die Management-Lehre kann – wie *Werner Jann* überzeugend herausgearbeitet hat[56] – als Steuerungswissenschaft verstanden werden, wobei wir zwei gedankliche Schritte auseinander halten können.

Im ersten Schritt geht es um Management-Lehre als Lehre vom Management bürokratisch strukturierter Organisationen, ein Aspekt, zu dem *Jann* folgendes ausführt:[57]

„Man tut der modernen Management-Lehre daher sicherlich nicht unrecht, wenn man sie als die *Lehre von der internen Steuerung komplexer Organisationen* ... bezeichnet ... Damit soll nur unterstrichen werden, dass die *internen Strukturen* der jeweiligen Organisation oder der jeweiligen Systems das zentrale Steuerungsobjekt sind..."

Ist also Management in komplexen (bürokratischen) Organisationen Steuerungstätigkeit, geht es also um eine steuerungswissenschaftliche Perspektive, so sind wir – das ist der zweite Schritt – auf so vertrautem Terrain, dass es genügen mag, wenn wir hier aus Gründen der Zeitersparnis zum Instrument der lexikalischen Verweisungstechnik greifen und schlicht die folgenden drei Stichworte ins Spiel bringen:

⇨ *Von der Behörde zum Dienstleistungsunternehmen*[58]
⇨ *New Public Management*[59]
⇨ *Neues Steuerungsmodell*[60]

Wenn wir uns diese drei Stichworte vor Augen führen, so nehmen sie auf Veränderungsprozesse Bezug, die ein *gewandeltes Verwaltungs- und Aufgabenverständnis* sig-

---

54 Verwaltungswissenschaft, (Fn. 32).

55 Vgl. die Besprechung durch *Günter Püttner*, DVBl. 2001, S. 1338: „Der neue Leitbegriff heißt Steuerung".

56 *Werner Jann*, Verwaltungswissenschaft und Management-Lehre, in: Bernhard Blanke/Stephan von Bandemer/Frank Nullmeier/Göttrik Wewer (Hrsg.), Handbuch zur Verwaltungsreform, 3. Auflage, Wiesbaden 2005, S. 50 ff.

57 Fn. 56, S. 57.

58 *Gerhard Banner*, Von der Behörde zum Dienstleistungsunternehmen. Die Kommunen brauchen ein neues Steuerungsmodell, in: VOP 1991, S. 6-11.

59 Siehe dazu den Überblick bei *Eckhard Schröter* und *Helmut Wollmann*, New Public Management, in: Blanke u.a (Fn. 56), S. 71 ff.

60 Überblick bei *Werner Jann*, Neues Steuerungsmodell, in: Blanke u.a. (Fn. 56), S. 82 ff.

nalisieren: es geht also – wie *Christoph Reichard* es ausgedrückt hat[61] – um Veränderungen, die als *Verständnisänderungen* in den Köpfen stattfindet. Daraus folgt zugleich, dass eine Verwaltungsreform nur erfolgreich sein kann, wenn sie auch die Köpfe aller Beteiligen, insbesondere auch der Verwaltungsmitarbeiter erreicht, was nicht nur als Beleg für die zentrale Bedeutung der *Steuerungsebene Personal*[62] gewertet werden kann, sondern auch dazu einlädt, erneut die *kulturelle Einbettung von Governancestrukturen* zu betonen. Damit sind wir beim nächsten Stichwort angelangt.

## 2. Management-Lehre der öffentlichen Verwaltung als Veränderung der Governance-Kultur

Denken wir kurz an das eingangs erwähnte instruktive Beispiel des Lehnswesens zurück, so kann man wegen der engen Verzahnung von Institutionen- und Rechtskultur nicht nur von lehnsrechtlichen Governancestrukturen sprechen, sondern – entsprechend der Theorie von der „cultural embeddedness" von Institutionen[63] – vom *Lehnswesen als einer Governance-Kultur.* Governance-Kultur würde dann all das bezeichnen, was die reine Instrumentalität von Governance-Modi transzendiert, vielmehr darüber hinaus ihre kulturelle Verankerung widerspiegelt und repräsentativ ist für einen gewissen „spirit" einer Epoche oder eines Zeitabschnittes. In diesem Sinne kann sicherlich auch von der *hierarchisch-bürokratischen Verwaltung* als einer bestimmten *Governance-Kultur* gesprochen werden, als einer Governance-Kultur nämlich, die den Typus der regelgebundenen, fachlich orientierten und rechtsstaatlich disziplinierten Herrschaftsausübung meint; in dem Beitrag von *Maximilian Wallerath* über „Die Änderung der Verwaltungskultur als Reformziel" heißt es dazu resümierend wie folgt:[64]

„Die Vorstellung von der besonders zweckmäßigen ‚bürokratischen' Organisation bestimmte bis in die Gegenwart *das Bild deutscher Verwaltung*[65], auch wenn der Realtypus öffentlicher Verwaltung nie identisch mit dem Idealtypus bürokratischer Organisation im Sinne Max Webers war. Dennoch war und ist der Realtypus in vielem dem Idealtypus angenähert – so in der starken Regelgebundenheit, der Betonung des hierarchischen Prinzips, dem vorgeschriebenen Dienstweg oder der Abstraktion des Amtes von der Person."

Wenn man nicht in so großen historischen Abschnitten wie vom Mittelalter bis zum New Public Management denken will, sondern eher in *Reformschüben* von einer gewis-

---

61 *Christoph Reichard*, Umdenken im Rathaus. Neue Steuerungsmodelle in der deutschen Kommunalverwaltung, Berlin 1994.

62 Ausführlich zur Steuerungsebene Personal *G. F. Schuppert*, Verwaltungswissenschaft (Fn. 32), S. 625 ff.

63 Vgl. dazu *Richard W. Scott*, Institutions and Organizations, London 1995.

64 *Maximilian Wallerath*, Die Änderung der Verwaltungskultur als Reformziel, in: Die Verwaltung (33) 2000, S. 351 ff., 364.

65 Zu diesem Bild siehe *Thomas Ellwein*, Geschichte der öffentlichen Verwaltung, in: Klaus König/Hans-Joachim v. Oertzen/Frido Wagener (Hrsg.), Öffentliche Verwaltung in der BRD, Baden-Baden 1981, S. 37 ff.

sen Wellenlänge, so kann man – je nach dem obwaltenden „spirit“ der Verwaltungskultur, der sich in Leitbildern niederschlägt, die als Reformkompass fungieren – verschiedene Gonvernance-Kulturen unterscheiden[66]. Was damit gemeint ist, lässt sich an dem einflussreichen, fast Bibelrang habenden Werk von David Osborne und Ted Gaebler veranschaulichen, deren Buch „Reinventing Government“[67] den bezeichnenden Untertitel trägt: „How the Entrepreneurial Spirit is transforming the Public Sector“. Worum es ging, war ein *neues Verwaltungsverständnis* das vom Transfer der Gedankenwelt des Managements in den Bereich der öffentlichen Verwaltung gekennzeichnet war und im sog. Neuen Steuerungsmodell seinen prägnantesten Ausdruck gefunden hat. Für das Funktionieren dieses Neuen Steuerungsmodells bedurfte es – und hier sind wir wieder mitten im Governance-Thema – der *Entwicklung und Bereitstellung anderer Regelungsstrukturen als bisher*, sei es im Organisationsrecht, im öffentlichen Dienstrecht oder im Haushaltsrecht.

Solche gewandelten Verwaltungsverständnisse finden also ihr Abbild in *verschiedenen Vorstellungen von Governance-Kultur*: so erscheint es angesichts der einflussreichen Ideen des New Public Managements durchaus nicht übertrieben, von einer *managementorientierten Governance-Kultur* zu sprechen, einer Governance-Kultur übrigens, die – nicht unwesentlich – immer neue Impulse durch den großen Einfluss von Unternehmensberatungsfirmen erhält. Insoweit kann man das Schaubild *Werner Janns*, mit dem er Management und Governance kontrastiert, auch *als eine Übersicht über verschiedene Formen von Governance* lesen, wobei er nicht bei der „Epoche des Managerialismus“ stehen bleibt, sondern die Linie bis zur modernen Governance-Forschung fortzeichnet:[68]

66 *G. F. Schuppert*, Governance im Spiegel der Wissenschaftsdisziplinen (Fn. 5), Manuskriptfassung S. 63 f.

67 *David Osborne/Ted Gaebler*, Reinventing Government – How the Entrepreneurial Spirit is Transforming the Public Sector, Reading u.a. 1992.

68 *Werner Jann*, Der Wandel verwaltungspolitischer Leitbilder: Von Management zu Governance?, in: Klaus König (Hrsg.), Deutsche Verwaltung an der Wende zum 21. Jahrhundert, Baden-Baden 2003, S. 279 ff., 296.

Erscheinungsformen von Governance-Kultur

| | Management | Governance |
|---|---|---|
| Wissenschaft | • Institutionenökonomie<br>• Managerialismus | • Kommunitarismus<br>• Politikwissenschaft |
| Analysefokus | • einzelne Organisationen<br>• Binnensteuerung<br>• ergebnisorientiertes Management (z. B. einzelner Ämter)<br>• Privatisierung, Outsorcing | • Koordination öffentlicher und gesellschaftlicher Akteure<br>• Kombination verschiedener Steuerungsformen<br>• Netzwerkmanagement<br>• Steuerbarkeit |
| Kausalität | • fehlende Anreize<br>• Anreizkompatibilität | • Interdependenz<br>• externe Effekte |
| Handlungsmodell | • Dezentralisierung<br>• Verselbständigung<br>• Kontraktsteuerung | • neue Aufgabenteilung<br>• Gewährleistung<br>• Koproduktion |
| Koordinations-mechanismen | • (Quasi)Markt und<br>• Wettbewerb<br>• Geld | • Selbstregelung<br>• autonome, selbststeuernde Akteursnetze<br>• Vertrauen |

## II. Zum Zusammenhang von guter Verwaltung und guter Gesetzgebung

### 1. Zur Unterscheidbarkeit von Programm- und Vollzugsfehlern

Da die öffentliche Verwaltung nicht nur im Idealtypus Max Webers eine regelanwendende Verwaltung ist, sondern auch die heutige Verwaltungsrealität sich zu einem nicht unbeträchtlichen Maß als Gesetzesvollzug darstellt, muss eine Verbesserung bürokratischen Regierens auch und vor allem auf eine Verbesserung der gesetzlichen Regelungsprogramme zielen: denn eine unbefriedigende Politikimplementation kann mehrere Ursachen haben, nämlich

- *Programmfehler*, etwa wegen Verkennung von Ursache-Wirkungs-Beziehungen
- *mangelnde Praktikabilität des Programms* oder
- *Vollzugsdefizite* im engeren Sinne,

ein Befund, den *Hans-Ulrich Derlien* wie folgt formuliert hat:[69]

„Unbefriedigende Wirkungen können auf Programmfehler ... oder auf Vollzugsdefizite oder mangelnde Praktikabilität des Programms zurückzuführen sein. Es ist deshalb empfehlenswert, Untersuchungen, die ausschließlich Effekte messen, um Vollzugsstudien zu ergänzen oder mit ihnen zu kombinieren, um das interne Zurechnungsproblem (Programmfehler versus Vollzugsdefizit) zu lösen und zugleich Anhaltspunkte für die Vollzugssteuerung zu liefern."

Wir lernen daraus zweierlei. Erstens, dass ein schlechter Gesetzesvollzug insbesondere zwei Ursachen haben kann: entweder liegt es am Programm oder am Vollzug oder an allem beiden. Zweitens, dass Bürokratiekritik auch die Gesetzgebungskritik umfassen muss[70], ein Befund, der die Aufmerksamkeit auf die im Zeichen von Hartz IV zentrale Frage lenkt, ob bestimmte Anforderungen an die Praktikabilität von gesetzlichen Regelungsprogrammen formuliert werden können.

## 2. Bedingungen der Vollziehbarkeit von Gesetzen

Die hiermit angesprochenen Fragen sind keineswegs neu, sondern zu Beginn der achtziger Jahre ausführlich und unter Aufbietung des wirklich exquisitesten Sachverstandes diskutiert[71], so dass man sich schon etwas darüber verwundert, warum die damaligen Erkenntnisse in der gerade erst abgehaltenen Expertenanhörung zum Bürokratieabbau so gut wie keine Rolle gespielt haben. Wir jedenfalls erinnern uns an die damaligen Untersuchungen und beziehen uns im folgenden auf die Ausarbeitung von *Renate Mayntz* und *Christa Lex* über „Voraussetzungen und Aspekte administrativer Praktikabilität staatlicher Handlungsprogramme"[72], in der zu dem auch in der aktuellen Bürokratiekritik zentralen Aspekt des Vollzugsaufwandes die folgenden Kriterien hervorgehoben wurden:

---

69 *Hans-Ulrich Derlien*, Sachverständigen-Stellungnahme, hier zitiert nach *Renate Mayntz*, Wissenschaftliche Auswertung. Gesetzgebung und Bürokratisierung, in: Der Bundesminister des Innern (Hrsg.), Sachverständigen-Anhörung zu Ursachen einer Bürokratisierung in der öffentlichen Verwaltung sowie zu ausgewählten Vorhaben zur Verbesserung des Verhältnisses von Bürger und Verwaltung am 19. und 20. Juni 1980 in Bonn, Teil C, Bonn 1980, S. 105.

70 *Mayntz* (Fn. 69, durchgängig).

71 Siehe dazu die Teile A und B der in Fußnote 69 genannten Sachverständigenanhörung.

72 *Renate Mayntz/Christa Lex*, Voraussetzungen und Aspekte administrativer Praktikabilität staatlicher Handlungsprogramme, in: Bundesministerium des Innern, Schriftenreihe Verwaltungsorganisation, Band 6, Bonn 1982.

„Aspekte des Vollzugsaufwands“

| *Behördenebene* |
| --- |
| • Bearbeitungsaufwand<br>• Sachverstandserfordernisse<br>• Zeitbedarf |

| *Interaktive Beziehungen innerhalb der Verwaltung* |
| --- |
| • Koordinationserfordernisse<br>• Mitwirkungserfordernisse<br>• Rechenschaftslegungserfordernisse |

| *Interaktion mit Adressaten* |
| --- |
| • Konfliktregelungserfordernisse<br>• Kontroll- und Sanktionsaufwand<br>• Outreach-Erfordernisse |

### 3. Zur Notwendigkeit einer Gesetzesanwendungslehre der Verwaltung

Aus den soeben dargestellten Erwägungen heraus haben wir in unserer Verwaltungswissenschaft die Notwendigkeit einer Gesetzesanwendungslehre der Verwaltung reklamiert und dazu – wenn dieses Selbstzitat erlaubt ist – folgendes ausgeführt:[73]

„Dabei ginge es nicht nur darum, die typischen Vor- und Nachteile einzelner Regelungsinstrumente darzustellen, um dadurch die den Durchführungsteil des Regelungsprogramms betreffenden Auswahlentscheidungen zu erleichtern, sondern es ginge weiterhin darum, die *Eigenart des jeweiligen Regelungsbereiches* in den Blick zu nehmen und daraus Konsequenzen für die Beurteilung der *Vollzugseignung* bestimmter Instrumente und rechtlicher Regelungstechniken zu ziehen: die Vollzugsprobleme im Sozialhilferecht z.B. sind gänzlich andere als im Umwelt- oder Arzneimittelrecht, weil nicht nur die Regelungsmaterie differiert, sondern auch die *Akteure*, mit denen es die Verwaltung zu tun hat; gut organisierte Interessenvertretungen oder große Unternehmen verfügen über eine ganz andere *Vollzugshinderungskapazität* und »bargaining power« als der Sozialhilfeempfänger. Ferner ist in verschiedenen Regelungsbereichen das Angewiesensein der Verwaltung auf die Kooperation der vom Verwaltungshandeln Betroffenen unterschiedlich groß, was sich naturgemäß auf die anzuwendenden Vollzugsstrategien

73 Fn. 32, S. 498/499.

auswirken muss. Eine Gesetzesanwendungslehre darf also – wie diese Beispiele zeigen – nicht zu einer Art höheren *Instrumentenkunde* denaturieren, sondern bedürfte einer *bereichsspezifischen Auffächerung*, die die Besonderheiten der *Regelungsstruktur* (z.B. bei Planungsgesetzen), die Besonderheiten des *Regelungsumfeldes* (Zahl und Beschaffenheit der im Regelungsbereich vorhandenen Akteure) und die Besonderheiten des *Vollzuges selbst* (Komplexität, technischer Aufwand etc.) umfasst und zu einer bereichsspezifischen Gesetzesanwendungslehre ausbaut."

Eine solche zu leistende Gesetzesanwendungslehre dürfte auch nicht auf den reinen Durchführungsteil des Regelungsprogramms in der Weise fixiert bleiben, dass die Frage, wie die rechtlichen Rahmenbedingungen des Vollzuges verändert werden könnten und müssten, ausgeklammert bleibt. Darauf hat Eberhard Schmidt-Aßmann vollkommen zu Recht hingewiesen:[74]

„Entscheidend ist es vielmehr, die verfügbaren Instrumente richtig zu verbinden. Dabei geht es, soweit informelle Praxen eingesetzt werden, auch darum, ihre rechtsförmlichen Rahmenbedingungen zu analysieren und gegebenenfalls zu verändern. Ebenso kann es notwendig werden, unterrepräsentierte Interessen förmlich zu stärken, um auf diese Weise informal verlaufenen Vorverständigungen eine interessenadäquate Struktur zu geben. Die Gesetzesanwendungslehre der Verwaltung wird auch diese Überlegungen, z.B. bei den administrativen Ermittlungspflichten (§ 24 VwVfG), in ihre Systematik einzubeziehen haben."

Schließlich wäre eine solche Gesetzesanwendungslehre nicht nur von verwaltungswissenschaftlichem Interesse. Wie das Bundesverfassungsgericht zum Thema „Besteuerungsgleichheit im Gesetzesvollzug" eindrucksvoll ausgeführt hat, können – wie wir formulieren würden – Programmierungsfehler im Durchführungsteil eines Regelungsprogramms, die zu strukturellen Vollzugsmängeln führen, auf den inhaltlichen Programmkern der Regelung zurückwirken und diesen verfassungswidrig werden lassen.

In seinem Urteil vom 27. Juni 1991 hat das BVerfG erstmals herausgearbeitet, dass in dem von den Grundsätzen der Gleichheit und der Gesetzmäßigkeit geprägten Steuerschuldverhältnis der Pflicht des Schuldners zur *gesetzmäßigen Steuerzahlung* die Pflicht des Gläubigers zur *gesetzmäßigen Steuererhebung* entspricht. Aus der steuerlichen Lastengleichheit folge notwendig, dass das *materielle Steuergesetz* auch seine regelmäßige *Durchsetzbarkeit* gewährleisten müsse; führen Erhebungsregelungen dazu, dass ein gleichmäßiger Belastungserfolg prinzipiell verfehlt wird, kann die materielle Steuernorm die Belastungsgleichheit nicht mehr sicherstellen. Mit anderen Worten: Vollzugsmängel eines Steuergesetzes können zur Rechtswidrigkeit der materiellen Steuernorm selbst führen:[75]

„Das ist allerdings nicht schon bei der Belastungsungleichheit der Fall, die durch *Vollzugsmängel* bei der Steuererhebung hervorgerufen wird, wie sie immer wieder vor-

74 *Eberhard Schmidt-Aßmann*, Gefährdungen der Rechts- und Gesetzesbindung der Exekutive, in: Burmeister (Hrsg.), FS Stern (Fn. 39), S. 745 ff., 749.

75 *BVerfGE* 84, 239, 272.

kommen können und sich auch tatsächlich ereignen. Wirkt sich indes eine *Erhebungsregelung* gegenüber einem Besteuerungstatbestand in der Weise strukturell gegenläufig aus, dass der Besteuerungsanspruch weitgehend nicht durchgesetzt werden kann, und ist dieses Ergebnis dem Gesetzgeber zuzurechnen, so führt die dadurch bewirkte Gleichheitswidrigkeit zur Verfassungswidrigkeit auch der materiellen Norm."

## III. Bürokratisches Regieren im Geflecht sich gegenseitig verstärkender Faktoren politischer Kultur

Es ist auch heute noch durchaus von Interesse, was *Renate Mayntz* vor 23 Jahren in ihrer wissenschaftlichen Auswertung der „Sachverständigen-Anhörung zu Ursachen einer Bürokratisierung in der öffentlichen Verwaltung" unter dem Titel „Gesetzgebung und Bürokratisierung" an Kausalfaktoren zusammengestellt hat:[76]

„Ohne Anspruch auf Vollständigkeit und Systematik seien dafür aus der Anhörung eine Reihe von Beispielen aufgeführt:

- der *Profilierungswunsch von Abgeordneten*, die sich mit dem Aufgreifen eines Dienstleistungs- oder Regelungswunsches einen guten Ruf machen können;
- der *politische Wettbewerb zwischen den Parteien*, der zu immer neuen Regelungs- und Leistungsversprechen motiviert;
- Orientierung der Parteien und Abgeordneten an *Kriterien politischer Opportunität* statt an Überlegungen sachlicher Notwendigkeit einer Regelung;
- der *Regelungsperfektionismus von Gesetzgebungsspezialisten*, die infolge konzentrierter Beschäftigung mit einem einzelnen Gebiet immer neue, noch regelungsfähige Aspekte entdecken;
- ministerielle Neigung, *nachgeordnete Behörden in ihrem Verhalten voll zu beherrschen*, aus Furcht der Zentrale vor dem Unsinn, der „vor Ort" gemacht werden könnte;
- die *Verantwortungsscheu von Beamten*, die genaue Regeln wünschen, um – nach dem Motto „ich kann nicht anders" – Konflikte und Auseinandersetzungen zu vermeiden;
- die *Anforderungen der Gerichte, Rechnungshöfe und Finanzminister*, die – aus der begrenzten Perspektive ihrer eigenen Aufgabenstellung durchaus begründet – auf größere Regelungsgenauigkeit drängen;
- die *relative Abgeschlossenheit der politischen Entscheider* und Entscheidungsvorbereiter, ihre Isolierung und damit selektive Informiertheit über die Praxis der Vollzugsverwaltung und die konkreten Vorgänge im Regelungsfeld;
- die *Kumulation von Normen* durch eine *reaktiv-punktuelle Gesetzgebung*.

Wenn man sich diese Punkte ansieht, deren fortwirkende Bedeutung auch in der jüngsten Sachverständigenanhörung bestätigt wurde[77], so haben wir es offenbar mit einer

76 Fn. 69, S. 19, 20.
77 Fn. 41.

*unheiligen Koalition von Akteuren mit je eigenen, sich aber gegenseitig verstärkenden Handlungslogiken* zu tun: regelungsorientierte Politiker mobilisieren einen mit hoher Professionalität agierenden, detailorientierten Gesetzgebungsapparat, dessen Produkte hinsichtlich der Regelungsdichte von mehreren Seiten und aus verschiedenen Gründen so hohe Anforderungen gestellt werden, dass der bürokratische Vollzugsapparat es mit einer immer größeren Menge immer detaillierterer Steuerungsprogramme zu tun hat, deren Umsetzung zudem der Nachprüfung durch eine kontrollorientierte Gerichtsbarkeit harrt. Aus diesen „Zutaten" speist sich gewissermaßen eine sehr stark rechtlich orientierte *legalistische Rechts- und Verwaltungskultur*, gepaart mit einer am Modell einer justizförmigen Streiterledigung orientierten *Konfliktkultur*[78] und einem an der Subsumtion von Rechtsregeln geschulten Stab von Rechtsanwendern, die angesichts der bis heute im Prinzip unveränderten Juristenausbildung eine *justizorientierte juristische Sozialisation* durchlaufen haben. Das ist der Humus, auf dem bürokratisches Regieren gedeiht, und es wäre mehr als kurzsichtig und zudem unpolitisch gedacht, dem bürokratischen Monster mit einer „Checkliste Bürokratieabbau" zu Leibe rücken zu wollen. Es bedarf daher eines generelleren und *die Bürokratisierungsursachen bedenkenden* Ansatzes, dessen Konturen wir im folgenden skizzieren wollen.

## E Bürokratisches Regieren und Policy Choices

### I. Was man vom „gender mainstreaming" lernen kann: Bürokratieabbau als Querschnittsaufgabe

Die Einrichtung der sog. Frauenbeauftragten oder – etwas später – der Gleichstellungsbeauftragten ist aus verwaltungswissenschaftlicher Perspektive eine ambivalente Konstruktion. Ein wichtiger Gemeinwohlbelang – die Gleichstellung der Geschlechter – ist damit verwaltungsorganisatorisch irgendwo „gut aufgehoben", mit der Folge, dass die Zuständigkeit des einen *belangewahrenden Akteurs* gleichzeitig die anderen Akteure entlastet und vor allem verhindert, dass die Gleichstellungsfrage *von allen* und *in jedem Stadium* des politischen und/oder gesetzgeberischen Entscheidungsprozesses zu bedenken ist. Hier setzt das Konzept des „gender mainstreaming" an, das dieser Bequemlichkeit arbeitsteiliger Zuständigkeiten ein Ende bereitet und die *Gleichstellungsproblematik zum ubiquitären Dauerthema* macht; in einem „Grundlagenpapier zu Gender Mainstreaming" des Bundesministeriums für Familie, Senioren, Frauen und Jugend aus dem Jahre 2000 heißt es dazu unter der Überschrift „Erweiterung der Themen und Akteure" wie folgt:[79]

„Mainstreaming bedeutet eine Verlagerung im Bereich der Akteure; es bedeutet, dass alle an politischen Entscheidungsprozessen beteiligten Akteure eine geschlechterbezogene und – differenzierte Sichtweise einbringen und zwar für *alle* Entscheidungen und auf *allen* Ebenen – von der Planung bis zur Überprüfung der Maßnahmen."

78 Zu verschiedenen Ansätzen der Konfliktkultur siehe Berthold Meyer (Hrsg.), Formen der Konfliktregelung. Eine Einführung mit Quellen, Opladen 1997.

79 AZ: 401 – 8102 vom 19.05.2000.

Unter Auswertung der umfangreichen Literatur werde daher – so das Ministeriumspapier weiter – die folgende Beschreibung vorgeschlagen:
„Gender Mainstreaming bezeichnet den Prozess und die Vorgehensweise, die Geschlechterperspektive *in die Gesamtpolitik aufzunehmen.* Dies bedeutet, die Entwicklung, Organisation und Evaluierung von politischen Entscheidungsprozessen und Maßnahmen so zu betreiben, dass *in jedem Politikbereich* und *auf allen Ebenen* die Ausgangsbedingungen und Auswirkungen auf die Geschlechter berücksichtigt werden, um auf das Ziel einer tatsächlichen Gleichstellung von Frauen und Männern hinwirken zu können. Dieser Prozess soll *Bestandteil des normalen Handlungsmusters aller Ressorts und Organisationen* werden, die an politischen Entscheidungsprozessen beteiligt sind."

Genau darum geht es: die *bürokratischen Wirkungen einer Maßnahme* sind von allen Akteuren zu bedenken, und zwar auf *allen Ebenen* und in *allen Entscheidungssituationen*, von denen wir drei zu unterscheiden vorschlagen[80], nämlich die Frage

- *welches Regelungsprogramm angemessen ist* – von der hoheitlich-staatlichen Regulierung bis zur Stärkung der selbstregulativen Kräfte des Marktes
  – diese Auswahlsituation nennen wir *„Regulatory Choice"* –
- *welche Instrumente angemessen sind* – vom klassischen Ordnungsrecht bis zu Instrumenten ökonomischer Verhaltenssteuerung
  – diese Auswahlsituation nennen wir *„Instrumental Choice"* –
- *welcher Organisationstyp angemessen ist* – von der klassischen Ministerialverwaltung bis zum verselbständigten Profit-Center
  – diese Auswahlsituation nennen wir *„Institutional Choice"* –.

Im Folgenden soll gezeigt werden, wie und wo in allen drei Choice-Situationen die Aspekte des Bürokratieabbaus und der Bürokratieverbesserung als Berücksichtigung notwendig verankert werden können. Wir beginnen mit dem einfachsten Beispiel von Bürokratieabbau und Instrumental Choice.

## II. Bürokratieabbau und Instrumental Choice

In ihrer schon zitierten wissenschaftlichen Auswertung der „Sachverständigenanhörung Bürokratisierungsursachen" hat *Renate Mayntz* ein Schema vorgelegt, das sich genau mit unserer ersten Auswahlsituation, der Instrumentenauswahl beschäftigt und sie wie folgt skizziert[81]:

80 Näheres dazu bei *Schuppert*, Gute Gesetzgebung. Bausteine einer kritischen Gesetzgebungslehre, Sonderheft 2003 der Zeitschrift für Gesetzgebung.

81 Fn. 69, S. 77a.

**Die Interventionsentscheidung und ihre Teilphasen**

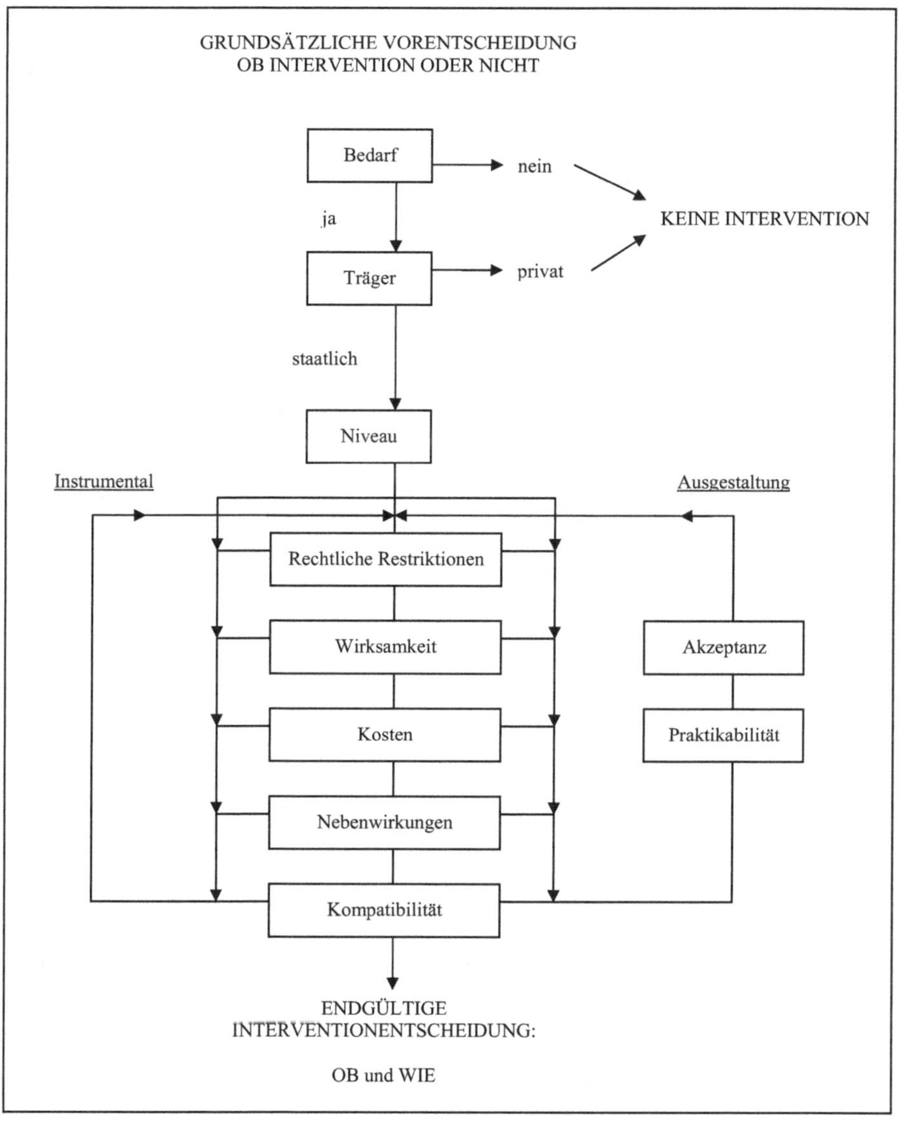

Wir schlagen vor, an diesem Schema nur eine marginale Veränderung vorzunehmen, nämlich das Kästchen

| Nebenwirkungen |
|---|

zu denen man den Arzt oder Apotheker befragen soll, zu ersetzen durch das Kästchen

| Bürokratiewirkungen |
|---|

um auf diese Weise sicherzustellen, dass in einem *Phasenmodell politischen Entscheidens* über die bürokratischen Kosten des Projekts nachgedacht wird.

Damit dies alles nicht so abstrakt bleibt, wollen wir einen Blick auf die Instrumentenwahl im Umweltschutz werfen, die man wie folgt darstellen kann:[82]

82 *G. F. Schuppert*, Zur Rechtsverfassung einer kooperativen Umweltpolitik – eine Skizze, in: Bua Hansjürgens/Georg Kneer/Wolfgang Köck (Hrsg.), Kooperative Umweltpolitik, Baden-Baden 2003, S. 113 ff.

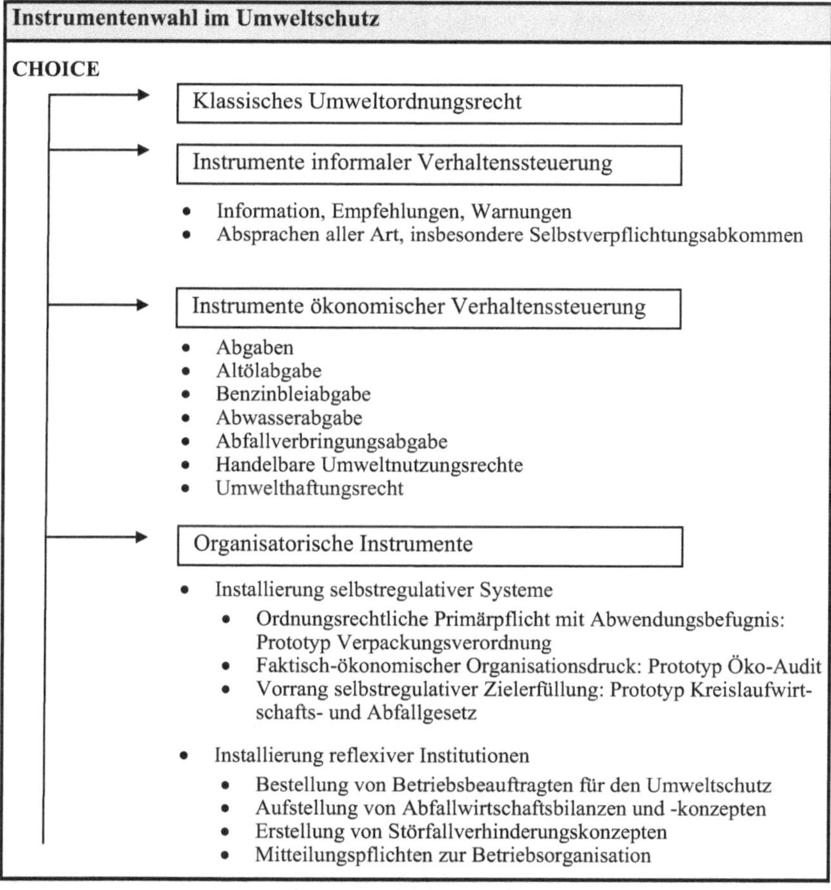


Um es noch konkreter zu machen, sei an das Eingangsbeispiel des Problems der Gewährleistung einer ausreichenden Zahl von Ausbildungsplätzen erinnert. Die Auswahlsituation des instrumental choice war hier ganz eindeutig und wurde so auch in der Presse diskutiert: entweder gelingt ein Ausbildungspakt mit der Wirtschaft oder es wird – zunächst nur „als Rute im Fenster"[83] – eine Ausbildungsplatzabgabe gesetzlich eingeführt, für die politisch manches sprechen möchte, deren immense bürokratische Kosten in Gestalt von *Kontroll- und Sanktionskosten* aber wohl den Ausschlag zugunsten der konsensualen Lösung gegeben habe.

83 Ein gern verwendetes Bild, um die Androhungsfunktion von Gesetzesvorhaben zu versinnbildlichen; siehe dazu *G. F. Schuppert*, Erscheinungsformen und Grenzen kooperativer Rechtsetzung, in: Leerke Osterloh/Karsten Schmidt/Hermann Weber (Hrsg.), Staat, Wirtschaft, Finanzverfassung. Festschrift für Peter Selmer zum 70. Geburtstag, Berlin 2004, S. 227 ff.

## III. Bürokratieabbau und Institutional Choice

Während es unmittelbar einsichtig sein dürfte, dass über die Instrumentenwahl unmittelbar auch über die zu erwartenden bürokratischen Kosten eines Vorhabens entschieden wird, ist dies für die *Steuerungs- und Auswahlebene Organisation*[84] – jedenfalls auf den ersten Blick – nicht so offensichtlich. Gleichwohl sind auch Organisationswahlentscheidungen bürokratierelevante Entscheidungen, und zwar in zweierlei Hinsicht:

### *1. Organisationswahlentscheidungen zur Vertreibung des „bürokratischen Geistes"*

Bürokratisches Regieren meint nicht nur eine Aufgabenerledigung in einer bürokratisch-hierarchisch organisierten Behörde, sondern meint auch eine *bürokratische Geisteshaltung* der Mitarbeiter, die der ganzen Art und Weise, wie die zu bewältigende Aufgabe angegangen und durchgeführt wird, ihr Gepräge gibt – pochen auf bürokratische Routine, enge Vorschriften, Auslegung, mangelnder Mut zur Nutzung von Entscheidungsspielräumen etc. Die nach jeder Naturkatastrophe zu hörenden Politiker-Statements, nunmehr werde „schnell und unbürokratisch" geholfen, bringt die Sache genau auf den Punkt.

Es ist daher ein nahe liegender Gedanke, eine Organisationswahlentscheidung auch dafür zu nutzen, mit ihr zugleich *den bürokratischen Geist auszutreiben* oder gar nicht zuzulassen, den man – etwa wegen der Neuartigkeit oder gar Pionierhaftigkeit der zu lösenden Aufgabe – auf keinen Fall am Werke sehen möchte. Ein geeignetes Beispiel für eine solche Organisationswahlentscheidung scheint uns die inzwischen so nicht mehr existierende *Konstruktion der Treuhandanstalt* zu sein, die „rechtlich kein Unternehmen und faktisch keine staatliche Behörde" war[85], sondern von „der Rechtsform her Einheit der mittelbaren Staatsverwaltung, vom Selbstverständnis her eher Konkursmanagement"[86].

Diese rechtlichen Klassifizierungsschwierigkeiten spiegeln nichts anderes als die Besonderheit der gestellten Transformationsaufgabe und die zu ihrer Bewältigung gewählte Organisationsform, nämlich de absichtsvolle *Kreuzung von Elementen eines Wirtschaftsunternehmens mit Elementen einer Verwaltungsbehörde*. Man kann insoweit – mit einem durchaus verbreiteten Sprachgebrauch von *hybriden Organisationsformen* sprechen, wobei die davon erhoffte besondere *institutionelle Kompetenz* im Falle der Treuhandanstalt offenbar darin liegen sollte, dass sie die Tugend einer durch die Rechts-

84 Ausführlich dazu *G. F. Schuppert*, Verwaltungsorganisation und Verwaltungsorganisationsrecht als Steuerungsfaktoren, in: Wolfgang Hoffmann-Riem/Eberhard Schmidt-Aßmann/Andreas Voßkuhle (Hrsg.), Handbuch der Verwaltungsrechtswissenschaft, München 2005 (im Erscheinen).

85 *Roland Czada*, Die Treuhandanstalt im Umfeld von Politik und Verbänden, in: Wolfram Fischer/Herbert Hax/Hans-Karl Schneider (Hrsg.), Die Treuhandanstalt. Das Unmögliche wagen, Berlin 1993, S. 148 ff.

86 *G. F. Schuppert*, Die Treuhandanstalt – zum Leben einer Organisation im Überschneidungsbereich zweier Rechtskreise, in: Staatswissenschaften und Staatspraxis 1992, S. 186 ff.

form der Anstalt vermittelten öffentlich-rechtlichen Rückbindung an die öffentliche Verwaltung und das politische System mit der Tugend einer wirtschaftlich orientierten Aufgabenerfüllung verbindet.

Der Unternehmenscharakter der Treuhandanstalt kommt besonders klar in ihrer *Binnenstruktur* zum Ausdruck, nämlich in der am *Vorbild der Aktiengesellschaft* orientierten Zuordnung von Vorstand und Verwaltungsrat, sowie in der Zusammensetzung des Verwaltungsrates selbst sowie auch in der *Rekrutierung des Personals*, zu der *Wolfgang Seibel* folgendes bemerkt[87]:

„Was den beruflichen Hintergrund betrifft, so mischen sich in der Treuhandanstalt Beamtenkarrieren und Industriekarrieren, allerdings rein quantitativ mit deutlicher *Dominanz des privatwirtschaftlichen Bereichs*. Diese Konstellation, die der institutionellen Zwitterstellung der Treuhandanstalt zwischen Markt und Staat entspricht, hat allem Anschein nach zu keinen nennenswerten Reibungen geführt."

Diese kurze Skizze der Treuhandanstalt mag ausreichen, um zu zeigen, wie durch bestimmte organisatorische Arrangements – nämlich die Verwendung einer hybriden Organisationsform – *ein bestimmtes Organisationsverhalten programmiert werden sollte*, von dem man sich eine flexible und ökonomischer Rationalität folgende Privatisierungspolitik versprach.

### 2. *Organisationswahlentscheidungen zur Verlagerung bürokratischer Kosten am Beispiel der Verlagerung von Transaktionskosten vom öffentlichen in den privaten Sektor*

Wie wir aus der Institutionenökonomik wissen, fallen nicht nur bei am Markt operierenden Unternehmen, sondern gleichermaßen bei Organisationen des öffentlichen Sektors Betriebskosten an, die als Transaktionskosten bezeichnet werden[88] und die vor allem in drei Varianten auftreten, nämlich als

- *Such- und Informationskosten*
- *Verhandlungs- und Entscheidungskosten* sowie als
- *Überwachungs- und Durchsetzungskosten.*

Wenn solche Kosten, sofern sie bisher im öffentlichen Sektor angefallen sind, nunmehr *durch Veränderung der organisatorischen und verfahrensmäßigen Arrangements* in den privaten Sektor verlagert werden, so liegt darin zugleich eine nicht unbeträchtliche *Aus-*

87 *Wolfgang Seibel*, Die organisatorische Entwicklung der Treuhandanstalt, in: Wolfram Fischer u.a. (Fn. 85), S. 146.

88 Grundlegend *Oliver E. Williamson*, Transaction-Cost Economics: The Governance of Contractual Relations, in: Journal of Law and Economics 22 (1979), S. 233 ff.; derselbe, Die ökonomischen Institutionen des Kapitalismus, Tübingen 1990.

*lagerung des bürokratischen Aufwandes*, wie in aller Kürze[89] an den folgenden drei Beispielen gezeigt werden kann:

a.) Informationsbeschaffung für Verwaltungshandeln: vom Amtsermittlungs- zum Beibringungsgrundsatz

Nach traditionellem Verständnis ist die Sachverhaltsermittlung Aufgabe der zuständigen Verwaltungsbehörde – sog. Amtsermittlungsgrundsatz, § 24 VwVfG. Mitwirkungspflichten der Bürger beziehen sich allenfalls auf Angaben zu Umständen in ihrer eigenen persönlichen, betrieblichen oder organisatorischen Sphäre. Dieses allein die Verwaltung mit den Informationsbeschaffungskosten belastende Prinzip der Amtsermittlung befindet sich – wie es scheint – in einem ständig zunehmenden Prozeß der Verdrängung durch eine den Antragstellern (Projektträgern, Investoren) abverlangte *Sachverhaltsaufbereitung durch Eigenbeiträge. Jens-Peter Schneider* hat diese Entwicklung wie folgt beschrieben:[90]

„In einigen neueren Umweltgesetzen ist der Antragsteller demgegenüber zu umfassenden Ermittlungen außerhalb seiner eigenen Sphäre, z.B. zur Umweltsituation und den voraussichtlichen Umweltauswirkungen der zu errichtenden Anlage oder des in Verkehr zu bringenden Stoffes verpflichtet, so dass seine Vorlagepflicht den gesamten entscheidungsrelevanten Sachverhalt umfasst. Die originäre Amtsermittlung wandelt sich so zu einer nachvollziehend kontrollierenden Amtsermittlung.
Die Sachverhaltsaufbereitung in der Form der nachvollziehenden Amtsermittlung soll behördliche Informationsbeschaffung in der Sphäre des Vorhabenträgers überhaupt erst ermöglichen und außerhalb derselben erleichtern, d.h. einen *Beitrag zur Staatsentlastung* leisten. Es geht aber nicht nur um die *Nutzung der sachlichen und personellen Kapazitäten des Vorhabenträgers*. Das Konzept enthält auch eine reflexives Moment, weil sich mit ihm die Hoffnung verbindet, dass der Vorhabenträger aufgrund seiner eigenen Ermittlungen das Vorhaben mit größerer Rücksicht auf die Umwelt plant bzw. modifiziert.“

Diese Verschiebung bzw. Aufteilung der Ermittlungsverantwortung ist nichts anderes als eine Verschiebung bzw. Aufteilung von Transaktionskosten in Gestalt von Such- und Informationskosten.

89 Ausführlich dazu *G. F. Schuppert*, Innovationssteuerung in Verwaltungsorganisationsrecht, in: Wolfgang Hoffmann-Riem/Jens-Peter Schneider (Hrsg.), Rechtswissenschaftliche Innovationsforschung. Grundlagen, Forschungsansätze, Gegenstandsbereiche, Baden-Baden 1998, S. 171-207.

90 *Jens-Peter Schneider*, Kooperative Verwaltungsverfahren, in: Verwaltungs-Archiv 86 (1995), S. 38 ff., 40.

b.) Verlagerung von Planungskosten durch das Instrument des Vorhaben- und Erschließungsplans

Ein besonders schönes Beispiel für die Verlagerung von Transaktionskosten in Form von Entscheidungskosten ist die Verlagerung der Planaufstellungsvorbereitung von der öffentlichen Verwaltung auf den Investor. Jens-Peter Schneider hat die Funktionsweise dieser Transaktionskostenverlagerung wie folgt beschrieben:[91]

„Ein besonders ausdifferenziertes Modell der Kooperation von Gemeinde und privatem Investor bietet die aus § 55 BauZ-VO-DDR in § 12 BauGB übernommene Regelung der Satzung über den Vorhaben- und Erschließungsplan (VEP), die sich durch ein *Geflecht von Abstimmung, Vertrag und hoheitlicher Satzung* auszeichnet.
Zweck dieses kooperativen Instituts ist es, vertragliche Baugebote zu ermöglichen und die finanziellen und planerischen Kapazitäten des Vorhabenträgers zu nutzen, um insbesondere in den neuen Ländern mit ihrer noch geringen Verwaltungskompetenz eine zügige städtebauliche Entwicklung zu ermöglichen. Der Vorhabenträger kommt nämlich nur in den Genuss des die bestehende Baurechtswidrigkeit beseitigenden und gegenüber dem Bebauungsplanverfahren beschleunigten VEP-Satzungsverfahrens, wenn er sich im Durchführungsvertrag zur Kostenübernahme verpflichtet, wobei ihm auch sonst nicht beitragsfähige Kosten angelastet werden können.“

c.) Verlagerung der Überwachungs- und Kontrollkosten: von der Fremd- zur Eigenüberwachung

Geradezu ein Paradefall für die *Verlagerung von Transaktionskosten in Gestalt von Überwachungs- und Kontrollkosten* ist die zunehmende Ersetzung der staatlichen Fremdüberwachung durch die betriebliche Eigenüberwachung im Bereich des Technik- und Umweltrechts. Im Bereich des Technik- und Umweltrechts haben sich für die dort eine wichtige Rolle spielenden Überwachungsaufgaben interessante Organisationsstrukturen herausgebildet, an denen sich die Rolle der Überwachung im Umwelt- und Technikrecht „zwischen staatlicher Regierungsverantwortung und unternehmerischer Eigeninitiative“ ablesen lässt.

Neben dem *klassischen Organisationsmodell der privaten Fremdüberwachung*, d.h. der Kontrolle des Normadressaten durch eine natürliche oder juristische Person des Privatrechts kraft *öffentlicher Beauftragung* hat sich im Umwelt- und Technikrecht die *gesetzliche Verpflichtung zur Selbstkontrolle* herausgebildet, indem für die Überwachung der jeweiligen Rechtsvorschriften *innerbetriebliche Kontrollstrukturen* geschaffen worden sind. Das Paradebeispiel für diese gesetzgeberische Auferlegung innerbetrieblicher Kontrollpflichten ist der durch verschiedene umweltrechtliche Gesetze seit Mitte der

91 Fn. 90, S. 42/43.

70er Jahre ausführlich geregelte Umweltschutzbeauftragte, dessen Funktion sich wie folgt beschreiben lässt:[92]

„Bei der Konstruktion des Umweltschutzbeauftragten wird der Private nicht wie eine Behörde einem – ebenfalls privaten – Dritten gegenüber kontrollierend eingesetzt, sondern ist gehalten, durch die Erfüllung besonderer, im Gesetz geregelter Organisationspflichten die Gesetzeskonformität des eigenen Handelns sicherzustellen. Es liegt also ein Fall der Eigenüberwachung vor. Im Rahmen des umweltrechtlichen Kooperationsprinzips soll der Umweltschutzbeauftragte den durch die Fachgesetze manifestierten betrieblichen Umweltschutze institutionalisieren und damit fördern. ... In Zielsetzung und Tätigkeitsrahmen folgen die verschiedenen Umweltschutzbeauftragten im wesentlichen denselben Grundzügen, die sich schlagwortartig mit den Aufgabenfeldern Kontrollfunktion, Informationsfunktion, Initiativfunktion und Berichtspflicht skizzieren lassen."

## IV. Bürokratieabbau und Regulatory Choice

Die Idee oder das Konzept von „regulatory choice", das wir schon an anderer Stelle vorgestellt haben[93], überträgt den Gedanken der Auswahl unter verschiedenen Gestaltungsinstrumenten oder Organisationsformen auf den *Bereich staatlicher Regelungsformen* und setzt dabei voraus, dass es nicht nur eine Erscheinungsform von *„regulatory governance"*[94] gibt, sondern eine *Pluralität von Regulierungsarten* und letztlich – was hier aber nicht vertieft werden soll – auch eine Pluralität von Normproduzenten, die das vereinfachte und immer weniger zutreffende Bild vom staatlichen Rechtsetzungsmonopol relativieren.[95] Wir wollen an dieser Stelle *zwei Phänomene nicht rein staatlicher Rechtsetzung* in den Blick nehmen, die durchaus mit Konsequenzen für das Bürokratiethema verbunden sind:

### *1. Regulierte Selbstregulierung als Steuerungskonzept des Gewährleistungsstaates*

In der Rechtswissenschaft, die sich dem Regulierungsbegriff nur zögerlich aufgeschlossen hat[96], wie in der Verwaltungswissenschaft erfreut sich ein relativ einfaches Grund-

92 *Michael Reinhardt*, Die Überwachung durch Private in Umwelt- und Technikrecht, in: Archiv des öffentlichen Rechts (AöR) 1993, S. 618 f.

93 *G. F. Schuppert*, Das Konzept der regulierten Selbstregulierung als Bestandteil einer als Regelungswissenschaft verstandenen Rechtswissenschaft, in: Die Verwaltung, Beiheft 4/2001, S. 201-252.

94 *Schuppert*, Governance (Fn. 5), Manuskriptfassung, S. 28 ff.

95 Siehe dazu *Gunther Teubner*, Globale Bukowina: Zur Emergenz eines transnationalen Rechtspluralismus, in: Rechtshistorisches Journal, Jg. 15, 1996, S. 255-290.

96 Vgl. *Wolfgang Spoerr/Markus Deutsch*, Das Wirtschaftsverwaltungsrecht der Telekommunikation - Regulierung und Lizenzen als neue Schlüsselbegriffe des Verwaltungsrechts?, DVBl. 1997, S. 300

modell von Regulierungstypen großer Beliebtheit, das von *Wolfgang Hoffmann-Riem* vorgeschlagen worden ist und die folgenden viert Grundtypen der Regulierung unterscheidet[97]:

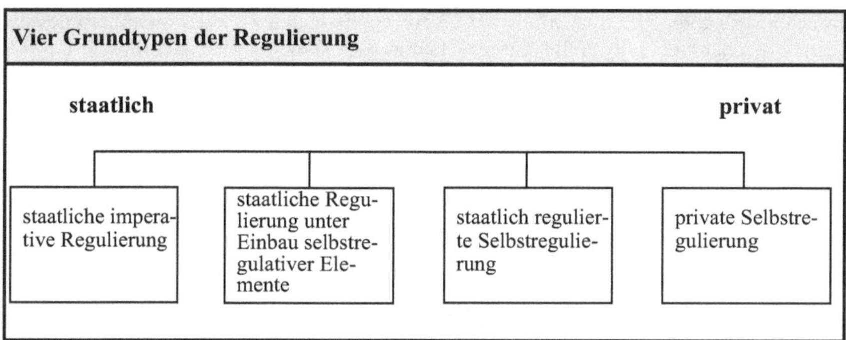


Interessant an solchen *Skalierungsmodellen* sind immer die Zwischentöne, die „twilight-zones“ oder „halfway houses“, also die *Übergangsbereiche*, die die starren Dichotomien von staatlich und privat, von Markt und Staat, von hierarchisch und konsensual zu überwinden vermögen. In diesem Sinne besonders spannend ist der *Typ der staatlich regulierten Selbstregulierung*, dessen *Funktionslogik zwischen staatlicher Regulierungsdrohung und gleichzeitig eröffneter Option zur Selbstregulierung* von *Hoffmann-Riem* wie folgt beschrieben worden ist (1996[98]: 264):

„Die Übergänge sind fließend zu dem dritten Typ, in dem das Vertrauen auf Selbstregulierung und zwar unter Einfluß privatautonomer Zielsetzung – im Vordergrund steht und der Staat keine Erfüllungsverantwortung übernimmt oder sie zumindest zurückstellt. *Er schafft aber einen besonderen regulativen Rahmen für die Selbstregulierung.* Durch diesen wird der Möglichkeitsraum beengt: *Der Rahmen strukturiert die verfügbaren Optionen* vor, beläßt aber Spielraum bei der Optionenkonkretisierung und -wahl. ... Zur Kategorie regulierter Selbstregulierung gehören auch Konstruktionen, bei denen eine privatautonome Regelung möglich ist, aber mit Erwartungen konfrontiert wird, deren Nichterfüllung den staatlichen Akteur in die Arena beordert. Ein bekanntes Beispiel ist § 14 AbfG, der zunächst auf die private Verantwortungsübernahme setzt, aber neben der Möglichkeit appellartiger Zielvorgaben vor allem ein *staatliches Auffangnetz* – dokumentiert in der Ermächtigung zum Erlaß einer Verordnung nach Abs. 2 Satz 3 – bereithält, dessen potentielle Existenz Vorwirkungen entfalten soll. Es vermittelt nämlich *Drohmacht* zur Aktivierung der Bereitschaft zur privaten Verantwortungsübernah

ff.; *Matthias Ruffert*, Regulierung im System des Verwaltungsrechts. Grundstrukturen des Privatisierungsfolgenrechts der Post- und Telekommunikation, AöR 124 (1999), S. 238 ff.

97 *Wolfgang Hoffmann-Riem*, Öffentliches Recht und Privatrecht als wechselseitige Auffangordnungen – Systematik und Entwicklungsperspektiven, in: derselbe/Eberhard Schmidt-Aßmann (Hrsg.), Öffentliches Recht und Privatrecht als wechselseitige Auffangordnungen, Baden-Baden 1996, S. 261 ff.

98 Fn. 97, S. 264.

me. In ähnlicher Weise arbeitet die staatliche Förderung von Selbstbeschränkungsabkommen der beteiligten Wirtschaftskreise, wenn bei deren Scheitern staatliche Regulierung droht. Die im Umwelt-, insbesondere Abfallrecht aktuell verfolgten Bemühungen, Umweltlasten und Entsorgungsrisiken durch Kreislaufkonzepte auf die Verursacher zurückzuverlagern, bauen ebenfalls auf einen regulierenden Rahmen, innerhalb dessen vorrangig, aber nicht notwendig, auf privatautonomes Handeln gesetzt wird."

Wie gerade das hier herangezogene prominente Beispiel der Abfallentsorgung zeigt, ist die Regelungstechnik der regulierten Selbstregulierung unter Bürokratiegesichtspunkten äußerst attraktiv: mit der durch das Abfall- und Kreislaufwirtschaftsgesetz eröffneten und durchaus deutlich anempfohlenen *Option zur Selbstorganisation* werden die bürokratischen Kosten der Sachaufgabe „Abfallentsorgung" schlicht vom öffentlichen in den privaten Sektor verlagert und damit die bürokratischen Lasten des Staates deutlich vermindert.

Aber auch auf die *normabwendenden informalen Absprachen*, insbesondere in Gestalt von sog. *Selbstverpflichtungsabkommen der Wirtschaft* ist an dieser Stelle ein Blick zu werfen. In ihrer materialreichen Arbeit hat *Gabriele Hucklenbruch* zu Recht darauf aufmerksam gemacht[99], dass solche Selbstverpflichtungsabreden sich nicht im unverbindlichen erschöpfen, sondern dass zur Durchsetzung der eingegangenen Verpflichtungen bei den eigenen Verbandsmitgliedern wie zum Nachweis des Verpflichtungserfolges gegenüber dem staatlichen „Normvermeidungspartner" häufig *Monitoringsysteme* installiert werden, die funktional eine bürokratische Fremdüberwachung substituieren.[100]

## 2. *Regulatory Governance zwischen Staat und Gesellschaft*

Wie wir eingangs schon erwähnt hatten, beruht das Modell von regulatory choice u.a. auf der Prämisse, daß wir es in einer gewandelten Staatlichkeit mit einer *Pluralität von Normproduzenten* und einer *Pluralität unterschiedlicher Normen* zu tun haben. Rechtsetzung findet also – so können wir es auch formulieren – nicht mehr allein oder fast ausschließlich durch den Staat statt, *Rechtsetzung hat ihren Platz zwischen Staat und Gesellschaft.* Wenn dies richtig ist, dürfen alle Arbeiten auf unser Interesse stoßen, die sich – wie jüngst die von *Steffen Augsberg*[101] – mit der Rechtsetzung zwischen Staat und Gesellschaft beschäftigen; von besonderem Interesse ist die von *Augsberg* vorgelegte *Typologie von Normsetzungsverfahren*, die sich wie folgt graphisch darstellen lässt:

99 *Gabriele Hucklenbruch*, Umweltrelevante Selbstverpflichtungen – ein Instrument progressiven Umweltschutzes?, Berlin 2000.

100 Fn. 99, S. 31 ff.

101 *Stephan Augsberg*, Rechtsetzung zwischen Staat und Gesellschaft. Möglichkeiten differenzierter Steuerung des Kapitalmarktes, Berlin 2003.

**Typologie der Normsetzungsverfahren**

- „Verstaatlichte“ private Normsetzung
- Öffentlich-rechtliche Satzungen
- Normsetzung durch die Wirtschaftsprüferkammern
- Normsetzung durch die Börse
- Staatliche Rechtsnormsetzung unter Inbezugnahme privater Normen
- Inkorporation
- Verweisungen
- Harmonisierung der Rechnungslegung in der EU
- Private Rechtsetzung innerhalb einer staatlichen Rahmenordnung
- Verbandsrecht
- Vertragsrecht
- Private Normsetzung ohne Rechtsverbindlichkeit
- Der Übernahmekodex
- Die Zuteilungsgrundsätze
- Corporate Governance Kodex
- Ehrenkodex für Finanzanalysten

Was hier – in einer juristischen Dissertation – als Typologie von Normsetzungsverfahren daherkommt, kann genauso gut, wenn nicht treffender, als *Typologie von Regulatory Governance* gelesen werden, die einen Überblick über die verschiedenen *Regulierungsinstrumente*, die verschiedenen *Regulierungsakteure* und ihre *Einbindung in das Legitimationskonzept des Verfassungsstaates* gibt.

Unter dem Gesichtspunkt von *Bürokratieabbau und Bürokratieentlastung* sind drei dem *Augsbergschen* Werk entnommenen Beispiele von besonderem Interesse, die wir hier der Einfachheit halber in der Form der Zusammenfassung in unserem Governance-Aufsatz[102] wiedergeben:

102 Fn. 5, Manuskriptfassung, S. 34.

a.) Bürokratieentlastung durch „verstaatlichte“ private Normsetzung

Was zunächst die *„verstaatlichte“ private Normsetzung* angeht, so ist der Hauptanwendungsfall die sog. *Satzungsautonomie* von öffentlich-rechtlichen Körperschaften: das typische Rechtsetzungsinstrument von mitgliedschaftlich strukturierten Selbstverwaltungskörperschaften ist die Satzung. Als Beispiel dafür dient *Augsberg* die Normsetzung durch die Wirtschaftsprüferkammer, die deswegen auch für uns ein besonders interessanter Akteur ist, weil sie über das Institut der Wirtschaftsprüfer in Deutschland e.V. (IDW) einen Regelungsvorschlag für ein *Qualitätskontrollsystem* erarbeiten ließ, der vom Gesetzgeber weitgehend unverändert übernommen wurde – sog. *Gesetzgebung on demand*[103]. Zu dieser Governance-Technik einer gesetzlich vorgesehenen Peer-Review heißt es bei *Augsberg* wie folgt:[104]

„Der dem anglo-amerikanischen Rechtskreis entstammende und von dort übernommene Begriff Peer Review bezeichnet eine Überwachungsform, in der nicht eine staatliche Stelle (sog. Monitoring), sondern ein anderer Berufsangehöriger (der peer) als Kontrollinstanz fungiert. Wirtschaftsprüfer und vereidigte Buchprüfer müssen nunmehr, sofern sie gesetzliche Abschlussprüfungen durchführen, ihre Praxis in einem dreijährigen Turnus einer externen Kontrolle durch einen speziell registrierten Berufsangehörigen (sog. Prüfer für Qualitätskontrolle) unterziehen lassen. Dabei wird keine zweite Abschlussprüfung durchgeführt. Es findet vielmehr eine *Überprüfung des internen Qualitätssicherungssystems* der jeweiligen Praxis statt, das auf seine Angemessenheit und Funktionsfähigkeit überprüft wird. *Kontrollobjekt* ist somit nicht die Abschlussprüfung selbst, sondern ihre *Methodik*; die Organisation der jeweiligen Praxis muss eine ordnungsgemäße Abwicklung der Aufträge und die interne Nachschau sicherstellen. Über die Ergebnisse der Prüfung wird ein Bericht angefertigt, der der geprüften Praxis ausgehändigt und in Kopie an die Wirtschaftsprüferkammer gesandt wird. Die externe Qualitätskontrolle schließt mit einer von der Kommission für Qualitätskontrolle ausgegebenen Teilnahmebescheinigung, deren Fehlen ist als neuer Ausschlusstatbestand für die Annahme von gesetzlichen Abschlussprüfungen in § 319 II 2 Nr. 2 und III Nr. 7 HGB aufgenommen worden.“

Das andere interessante Beispiel ist die *Normsetzung durch die Börse*, die nach herrschender Auffassung eine öffentlich-rechtliche Einrichtung ist, während die sog. Börsenträger in Privatrechtsform als Vereine oder AG organisiert sind. Nach § 13 I BörsG erlässt der Börsenrat die sog. Börsenordnung als Satzung. Damit wird es den Börsen ermöglicht, anstelle des schwerfälligen staatlichen Gesetzgebungsverfahrens selbst die erforderlichen Reglementierungen vorzunehmen und schnell und flexibel auf Marktveränderungen zu reagieren.

103 *Winfried Kluth*, Peer Review auf dem verfassungsrechtlichen Prüfstand, in: Deutsches Steuerrecht 2000, S. 1927-1932.

104 Fn. 101, S. 148/149.

## b.) Bürokratieentlastung durch verbandliche Normsetzung

Was die *private Rechtsetzung innerhalb einer staatlichen Rahmenordnung* angeht, so sind zwei Erscheinungsformen zu unterscheiden, nämlich das *Verbandsrecht*, also die Aufstellung von Verbandsnormen durch private Vereine und das *private Vertragsrecht* als der geläufigsten Form privater Rechtsetzung, z. B. durch „Allgemeine Geschäftsbedingungen" (AGB). Für beide Bereiche nennt *Augsberg* ausgesprochen spannende Beispiele. Als ein Beispiel kapitalmarktrelevanter verbandlicher Normsetzung sind etwa die Standesrichtlinien der Deutschen Vereinigung für Finanzanalyse und Asset Management e. V. (DVFA) zu nennen, die die Berufsangehörigen verpflichten, ihren Beruf unabhängig und in ethisch einwandfreier Weise auszuüben und sich als Richtschnur ihres Handelns am Anlegerinteresse zu orientieren. In Struktur und Inhalt ähnliche Regelwerke existieren beispielsweise bei der German Association of Investment Professionals e.V. (GAIP), dem Deutschen Verband Financial Planners e.V. (DEVFP), der Vereinigung Technischer Analysten in Deutschland e.V. (VTAD) und dem Bundesverband Finanzdienstleistungen e.V."

Als Beispiel für Regelungen im Wege privaten Vertragsrechts nennt *Augsberg* die Richtlinien für den Freiverkehr an der Frankfurter Wertpapierbörse sowie das „Regelwerk Neuer Markt".

## c.) Bürokratieentlastung durch Kodices und die Kontrolle ihrer Einhaltung

Als Typus *privater Normsetzung ohne Rechtsverbindlichkeit* haben sich in den letzten zehn Jahren die sog. *Kodices* entwickelt, wofür als Anschauungsmaterial der Übernahmekodex, die Richtlinien zur Corporate Governance, die Zuteilungsgrundsätze der Börsensachverständigenkommission sowie der Ehrenkodex für Finanzanalysten herangezogen werden können. Ein besonders interessanter Anwendungsfall ist der sog. *Übernahmekodex*, der von der Börsensachverständigenkommission erstellt wurde, einer beim Bundesfinanzministerium angesiedelten, diesem jedoch organisatorisch nicht eingegliederten Institution mit der Aufgabe der Beratung der Bundesregierung in Fragen des Kapitalmarkt- und Börsenrechts. Interessant an diesem Übernahmekodex ist nun, dass sein Inhalt nahezu unverändert in Gesetzesform gegossen wurde (durch das Wertpapiererwerbs- und Übernahmegesetz, WpÜG), ein Vorgang, der eine Regelungstechnik illustriert, bei der *bisherige selbstregulative Mechanismen staatlich okkupiert* und in Gesetzesform überführt werden:

„Am Beispiel des WpÜG lässt sich die Verdrängung von Normen der privaten Selbstregulierung durch staatliches Recht nachvollziehen. Aber erst die Erfahrungen mit dem Übernahmekodex ermöglichten es, in relativ kurzer Zeit ein derart komplexes Regelwerk zu schaffen. Dessen Ausgestaltung wiederum zeigt, dass die hoheitliche Okkupation des Regelungsbereiches nicht vollständig ist, sondern weiterhin die Interaktion und Kommunikation mit den Betroffenen gesucht wird. Die Vorzüge der Selbstregulierung, namentlich ihre Flexibilität und Praktikabilität, sollen jedenfalls teilweise erhalten bleiben. Die private Normsetzung muss damit, auch wenn sie durch eine ordnungsrechtliche Lösung ersetzt wird, nicht unbedingt als gescheitert angesehen werden, wirkt sie doch in den Normen des Gesetzes inhaltlich und in seiner Verfahrensausgestaltung strukturell fort."

## F Zusammenfassung und Ausblick

Wie wir zu zeigen versucht haben, läge auf dem Unternehmen wenig Segen, das „Monster Bürokratie" durch einen Masterplan Bürokratieabbau oder gar mit Hilfe einer den früheren „Blauen Prüffragen" vergleichbare Checkliste zur Strecke zu bringen. Der Typus der bürokratischen Verwaltung war und ist ein Erfolgsmodell des neuzeitlichen Verwaltungsstaates und bürokratische Verwaltung ist nach wie vor eine vielfach praktizierte und in weiten Bereichen auch alternativlose Form von Governance.

Worum es also nur gehen kann, ist zweierlei: einmal geht es darum, bürokratisches Regieren und Verwalten im Sinne von „improving good governance" zu verbessern und damit den bürokratischen Auswüchsen den Kampf anzusagen, die das Bürokratiemodell in der öffentlichen Wahrnehmung so in Misskredit gebracht haben; zum anderen geht es darum, in jeder politischen Entscheidungssituation und auf jeder Verwaltungsebene die Spielräume zu nutzen, die die moderne Governance-Diskussion für weniger bürokratische Formen der Aufgabenerledigung aufgezeigt hat und aufzeigt.

Was zunächst die Verbesserung bürokratischen Regierens und Verwaltens angeht, so haben wir drei solcher „Einflugschneisen" für „improving good governance" ausgemacht: die *erste Steuerungsschiene* ist das Verständnis von bürokratischem Verwalten als *Managementaufgabe*, was wir Bürokratieabbau durch Umdenken genannt haben; die *zweite Steuerungsschiene* ist die *Verbesserung der Gesetzgebung*, da Mängel des bürokratischen Gesetzesvollzuges häufig auf Programmfehlern beruhen, d.h. auf schlecht gemachten und unpraktikablen gesetzlichen Regelungsprogrammen; die *dritte Steuerungsschiene* ist die allmähliche und schrittweise *Veränderung der Verwaltungskultur*, angefangen von der Überbetonung einer rein gerichtsförmigen Streiterledigung bis zur Änderung der Juristenausbildung.

Was die Verwirklichung eines „*Bürokratiebewusstseins*" im politischen Prozess angeht, so ist dies eine *Querschnittsaufgabe*, die nicht – oder jedenfalls nicht allein – von im Bundesinnenministerium oder dem Bundesjustizministerium ressortierenden „Bürokratiebeauftragten" geleistet werden kann. Auch insoweit haben wir *drei Steuerungsschienen* ausgemacht, nämlich die drei im politischen Entscheidungsprozeß immer wieder auftretenden Choice-Situationen von „instrumental", „institutional" und „regulatory choice". Wie wir zu zeigen versucht haben, konnten und können auf allen drei Auswahlebenen bürokratierelevante Auswahlentscheidungen getroffen werden. Es besteht daher kein Anlass, über die Zählebigkeit des bürokratischen Monsters in Resignation zu verfallen: Ansatzpunkte für seine Zähmung sind ausreichend vorhanden.

# Entbürokratisierung in der Bundesrepublik

*Rede von MD Ernst Hüper, Berlin*

Herr Präsident,
liebe Kolleginnen und Kollegen,
meine Damen und Herren!

Entbürokratisierung und Regulierung lautet das Thema Ihrer heutigen Tagung. Eigentlich auf den ersten Blick ein Widerspruch. Ist doch ein Kern von jeder Entbürokratisierungsaktion die Deregulierung. Aber - dieser Widerspruch ist wohl auch nicht gemeint. Denn an die Stelle staatlicher Aufgabenwahrnehmung ist in ihrem zweiten Themenfeld Privatisierung und mehr Markt getreten, aber eben doch auch im Rahmen von Regulierungen und gesteuert durch Aktivitäten einer Regulierungsbehörde. Im Ergebnis gelten jetzt mehr Regelungen als zuvor und die Regulierungsbehörde für Telekommunikation und Post etwa beschäftigt heute mehr Mitarbeiter als das frühere Bundespostministerium. Privatisierung als eine Form der Entbürokratisierung bedeutet also nicht immer automatisch auch Deregulierung und Behördenabbau.

Vielmehr ist das Thema Bürokratismus und Überbürokratisierung so facettenreich, so komplex, dass einfache Lösungen sich verbieten. Bürokratie ist ja in den letzten Jahren leider zu einem politischen Kampfbegriff und Schimpfwort verkommen. Die Objektivierung des Begriffs durch *Max Weber* wirkt wohl auch heute nur bei den Insidern einer seriösen Auseinandersetzung.

Zur Vorbereitung einer umfassenden Sachverständigenanhörung im Jahr 1979, deren Ergebnisse auch heute noch lesenswert sind, wurde im federführenden Bundesministerium des Innern das Bürokratie-Thema in folgende unterschiedliche Frageebenen zerlegt:

- Staat oder Markt, wie sieht die Aufgabenstruktur aus?
- Wie steuert der Staat über Gesetze und Vorschriften? Wie ist die Programmstruktur gestaltet?
- Wie ist die Umsetzung der Programme über die Verwaltungen organisiert?
- Wie ist das Zusammenspiel der Verwaltungen?
- Wie ist das Verhältnis zwischen Bürger und Verwaltung gestaltet?

Dieses Ebenenraster verdeutlicht, dass die mit dem Thema Überbürokratisierung angesprochenen Probleme auf den unterschiedlichen Ebenen ganz unterschiedliche Antworten erfordern. Lösungsgerechte Instrumente werden notwendig. Und in einem föderativen Staatsaufbau müssen auch ganz unterschiedliche Zuständigkeitsebenen angesprochen werden.

Es ist gut, dass – wie das jüngst auch in der Sachverständigenanhörung des Deutschen Bundestages geschehen ist – stärker als zuvor nach den unterschiedlichen Problemebenen differenziert wird und auch die Grenzen einer verwaltungsinternen Entbürokratisierung angesprochen werden. Damit wird den Politikern zugleich deutlich gemacht, wo sie unter dem Etikett „Entbürokratisierung" in Wirklichkeit eine ordnungspolitische Diskussion führen. Wenn man sich die jüngsten Anträge der CDU/CSU-geführten Länder im Bundesrat zur Entbürokratisierung ansieht, die nunmehr zu einem Gesetzesantrag zusammengeführt werden, dann geht es dort im Kern um eine andere Umweltpolitik. Vergleichbares gilt, wenn der Abbau von Arbeitnehmerrechten gefordert wird oder unter dem Mäntelchen der Entbürokratisierung Gleichstellungsrechte abgeschafft werden sollen. Dies alles hat etwas zu tun mit politischen Prioritäten entsprechend einem politischen Leitbild von Parteien, die um die politische Macht ringen, aber nur sehr wenig mit Bürokratieabbau.

Es ist allerdings auch klar, dass Entbürokratisierungsaktionen als wichtiger Teil einer Verwaltungspolitik nicht ordnungspolitisch neutral sind. Sie sind vielmehr eingebettet in jeweils dominierende politische Strömungen, insbesondere dann, wenn die Problemebenen staatliche Aufgaben und Regulierung angesprochen sind. Gerade in letzter Zeit ist der Zusammenhang zwischen politisch-administrativen Leitbildern und den Ausformungen der Verwaltungspolitik beschrieben worden. Ich kann diese Ausführungen aus der Praxis nur bestätigen.

Zur Zeit der sozialliberalen Koalition wirkte noch das Leitbild vom „aktiven Staat" und deshalb tat sich auch das Kanzleramt damals schwer, auf der Aufgabenebene und der politischen Programmebene ein Weniger an staatlichen Aktivitäten unter dem Stichwort Entbürokratisierung zuzulassen. Die politische Planungsabteilung hatte nicht ganz zu Unrecht darauf hingewiesen, dass Entbürokratisierung ein konservatives Thema insbesondere zu Oppositionszeiten sei und für die Sozialdemokratie entsprechend ihrer damaligen Parteiprogrammatik weniger Vorteile versprach. Dementsprechend wurde damals auf der Regulierungsebene das eher ministeriale Thema „Verbesserung der Gesetzgebung" stärker thematisiert und auf der Verwaltungsebene wurden die Maßnahmen zur Verbesserung des Verhältnisses von Bürger und Verwaltung gefördert. Die verwaltungspolitischen Bemühungen der sozialliberalen Koalition unter dem Stichwort Entbürokratisierung sind wegen der politischen Programmatik auch deshalb erst spät am Ende dieser Epoche aufgegriffen worden.

Sie befanden sich in weiten Teilen noch in der Konzeptionsphase, als der Regierungswechsel Ende 1982 eine konservative Regierung an die Macht brachte, die das Thema Bürokratismus auch im Wahlkampf explizit aufgegriffen hatte und die ordnungspolitisch einen „schlanken Staat" propagierte. Begriffe wie Deregulierung und Privatisierung waren damit auch auf der politischen Agenda. Verwaltungspolitische Leitlinien waren die Ansätze des New Public Management bzw. des Neuen Steuerungsmodells mit dem Ziel, insbesondere die innerorganisatorische Effizienz der Verwaltung zu verbessern.
Gemessen an diesen sehr weiten ordnungspolitischen Zielen waren die Ergebnisse sicherlich bescheiden. Gerade das Ziel vom „schlanken Staat" hat Erwartungen geweckt, die die Möglichkeiten der Alltagsarbeit von Entbürokratisierungskommissionen weit übersteigt. So waren Enttäuschungen vorprogrammiert.

Die rot-grüne Bundesregierung hat dem Leitbild des „schlanken Staates“ der Regierung *Kohl* das Leitbild des aktivierenden Staates gegenüber gestellt. Damit wird gegenüber dem „schlanken Staat“ ein deutlicher Paradigmenwechsel vollzogen, aber auch gegenüber dem überforderten „aktiven Staat“ werden andere Akzente gesetzt. Im Gegensatz zum Rückzug von staatlichen Aufgaben will sich der aktivierende Staat nicht aus seiner Verantwortung zurückziehen, sondern er will ein Zusammenwirken staatlicher, halbstaatlicher und privater Akteure zum Erreichen gemeinsamer Ziele aktivieren. Das Leitbild zielt also nicht mehr nur auf Staats- und Bürokratieversagen. Der aktivierende Staat soll allerdings auch nicht mehr selbst rudern, sondern eher steuern und weniger kontrollieren als herausfordern.

Entsprechend diesem geänderten Leitbild hat die Bundesregierung mit ihrer „Initiative Bürokratieabbau“ in dieser Legislaturperiode auf der Aufgaben- und Regulierungsebene keinen flächendeckenden Ansatz gewählt, bei dem in allen Aufgabengebieten weniger Staat und weniger Vorschriften als solches anzustreben sind. Sondern es wurden Handlungsfelder gewählt, die eingebettet in die sozial- und wirtschaftspolitische Reformpolitik der Agenda 2010, verwaltungsebenen- und ressortübergreifend sowie zielgruppenorientiert abgearbeitet werden sollen.

Operativ setzt die Initiative im Wesentlichen auf drei Instrumente, nämlich

- Deregulierung, d.h. geltendes Recht wird vereinfacht und überflüssige Regelungen werden abgeschafft,
- Prozessoptimierung, d. h. Prozessketten zwischen Verwaltung, Bürger und Unternehmen werden so weit wie möglich vereinfacht, gebündelt und automatisiert und
- Reorganisation der Behördenstrukturen, d.h. es werden neue bürgernahe, effiziente Strukturen geschaffen.

Dieser sektorspezifische Ansatz hat in der Sachverständigenanhörung des Deutschen Bundestags am 28. Juni 2004 mehrheitlich Zustimmung erfahren. Um Bürgerinnen, Bürger und Unternehmen spürbar von überflüssigen bürokratischen Hindernissen und Verwaltungspflichten zu befreien und um damit zugleich die Wettbewerbsfähigkeit des Standorts Deutschland zu stärken, konzentriert die Bundesregierung ihre Anstrengungen zum Bürokratieabbau auf die fünf folgenden Handlungsfelder:

**Arbeitsmarkt und Selbständigkeit**
Arbeitslosigkeit ist *das* zentrale Problem Deutschlands. Es muss daher alles getan werden, wieder mehr Arbeitsplätze zu schaffen und Existenzgründungen zu erleichtern. Hierzu gehört auch, mögliche bürokratische Hemmnisse für Arbeitsmarkt und Selbständigkeit zu beseitigen: So hat die Bundesregierung etwa durch Anhebung der Buchführungsgrenzen für Unternehmer und die Standardisierung der Einnahmenüberschussrechnung die Buchführungspflichten für kleinere Unternehmen vereinfacht. Die Reform der Handwerksordnung hat 53 der vormals 94 Handwerksgewerbe zulassungsfrei gestellt und darüber hinaus die Existenzgründungen für erfahrene GesellInnen und Gesellen erleichtert. Die Erleichterungen hätten noch umfassender ausfallen können, aber partikulare Interessen haben im Bundesrat wie so oft einen Kompromiss erzwungen. An diesem Beispiel ist erkennbar, wie Wirtschaftsverbände um den Erhalt von Regelungen

kämpfen, die ihre Klientel begünstigen. Gleichzeitig fordern sie an anderer Stelle aber umso heftiger Deregulierung.

**Wirtschaft und Mittelstand**

Der Mittelstand ist Motor für Wachstum und Beschäftigung gerade in Deutschland. Mittelständische Unternehmen tätigen mehr als 40% aller steuerpflichtigen Umsätze. Sie stellen nahezu 70% aller Arbeitsplätze und 80% der Ausbildungsplätze bereit. Wenn es also gelingt, Wirtschaft und Mittelstand von Hemmnissen zu entlasten, wirkt sich das positiv auf Wachstum und Beschäftigung aus. Dabei sind es gerade kleine und mittelständische Unternehmen, die durch bürokratische Auflagen besonders belastet sind, weil ihnen Spezialisten für Steuerfragen, Arbeits- und Sozialrecht, Statistik, Umweltschutz und andere komplexe Regelungsmaterien fehlen. Die Bundesregierung hat hier zum Beispiel Abhilfe geleistet durch die Reduzierung der statistischen Belastungen der Wirtschaft. Die Vereinfachung der amtlichen Statistik wird im kommenden Jahr folgen. Die bereits im Juli dieses Jahres in Kraft getretene Neufassung des Gesetzes gegen den unlauteren Wettbewerb liberalisiert weiter das Wirtschaftsrecht bei einem angemessenen Ausgleich zwischen den Interessen der Unternehmen und der Verbraucher. Arbeitsstätten-Verordnung und Geräte- und Produktsicherheitsgesetz sind ebenfalls vereinfacht worden. In Jahre 2006 wird die Modernisierung des Lohnsteuerverfahrens abgeschlossen sein und damit das papiergebundene Verfahren durch ein elektronisches Verfahren ersetzt werden.

**Forschung, Technologie und Innovation**

Forschung, Technologie und Innovation sind die Basis für nachhaltiges wirtschaftliches Wachstum. Der Abbau von Regelungen, die Forschung und Innovation unnötig behindern, gibt Impulse für eine neue Wachstumsdynamik. Es geht hierbei sowohl um die innovationsgerechte Gestaltung von rechtlichen Rahmenbedingungen als auch um Maßnahmen zur Vereinfachung administrativer Abläufe und um elektronische Vorgangsbearbeitung.

In diesem Zusammenhang setzt sich die Bundesregierung im Rahmen des Projekts „profi-Online“ für eine effizientere Projektförderung ebenso ein wie für die effizientere Neuorganisation der Bundesforschungsanstalten. Weiterhin werden das Bundesausbildungsförderungsgesetz novelliert und das BAföG-Verfahren elektronisch unterstützt.

**Zivilgesellschaft und Ehrenamt**

Das Leitbild des aktivierenden Staates ist hier besonders prägend. Ein allpräsenter Staat, der überfordert ist, passt nicht mehr in ein modernes Staat-Bürger-Verständnis im Sinne des neuen Leitbildes. Vielmehr ist eine neue Aufgabenverteilung zwischen Staat und Gesellschaft erforderlich. Dies setzt voraus, dass die Eigenverantwortung des Einzelnen und die Selbststeuerungspotenziale der Gesellschaft, also die Bürger- und Zivilgesellschaft, gestärkt werden. Im Rahmen der „Initiative Bürokratieabbau“ geht es der Bundesregierung deshalb auch darum, die Rahmenbedingungen für bürgerschaftliches Engagement zu verbessern. Dies geschieht zum Beispiel durch die weitere elektronische Vernetzung des Bundesministeriums für wirtschaftliche Zusammenarbeit mit den Akteuren der Entwicklungszusammenarbeit, durch die Förderung des ehrenamtlichen Engagements beim Technischen Hilfswerk, durch die Neuausrichtung der Altenhilfe und durch die Stärkung des Ehrenamts bei der Integration von Migranten. Bei ihrer Arbeit orientiert sich die Bundesregierung insbesondere auch an den Vorschlägen des Enquêteberichts „Bürgerschaftliches Engagement“ des Deutschen Bundestags.

**Dienstleistungen und Bürgerservice**

Mit „Dienstleistungen und Bürgerservice“ ist ein Handlungsfeld umschrieben, das die Bürgerinnen und Bürger noch am ehesten mit dem „deutschen Amtsschimmel“ in Verbindung bringen. Umfragen zeigen, dass die Zufriedenheit der Bürger mit den Verwaltungsdienstleistungen sich zu aller erst ausrichtet an Adressatenorientierung, Zeit- und Kosteneinsparungen sowie Freundlichkeit und Kompetenz der Bediensteten. Der Ansatz für bessere Geschäftsprozesse im Verhältnis zum Bürger muss daher sein:

- gute Erreichbarkeit auch durch moderne Kommunikationsmittel,
- kurze Wartezeiten, zeitgerechter und freundlicher Service,
- Bündelung von Kompetenz, mehr Entscheidungsbefugnisse der Beschäftigten vor Ort,
- einfache, verständliche und leicht zugängliche Formulare und Dokumente.

Hier sind vor allem die Verwaltungen der Länder und Kommunen vor Ort angesprochen.

Der Bundesregierung geht es vor allem darum, sogenannte Massenverwaltungsverfahren zu vereinfachen, wie etwa die jährlich millionenhaften KfZ-Zulassungen, Sozialversicherungsmeldungen, Kassenrezepterstellungen, Wohnungsab- und -ummeldungen und dergleichen mehr. Sie ist deshalb bemüht, die rechtlichen und verfahrensmäßigen Rahmenbedingungen von Massenverfahren zu verbessern. So werden das Meldewesen und das Personenstandsrecht im kommenden Jahr vereinfacht ebenso das Melde- und Beitragssystem in der Sozialversicherung. Der eCommerce mit Arzneimitteln ist bereits zulässig, die elektronische Gesundheitskarte soll 2006 eingeführt werden. Und mit der Organisationsreform in der Gesetzlichen Rentenversicherung ab 1. Oktober 2005 wird es durch die zentrale Erledigung von Querschnittsaufgaben auch Vereinfachungen zugunsten der Versicherten geben.

Zu diesem Handlungsfeld gehört auch das Querschnitts-Projekt der Bereinigung des Bundesrechts, in dessen Rahmen alle Ressorts den in ihren Zuständigkeitsbereich fallenden Normenbestand überprüfen. Normen sollen verständlicher, übersichtlicher und zeitgemäßer werden. In den Bundesministerien der Justiz und des Innern wird bereits an Entwürfen für Rechtsbereinigungsgesetze gearbeitet, die Anfang des kommenden Jahres vom Kabinett verabschiedet werden sollen. Insgesamt wollen beide Ressorts zusammen über 200 Gesetze und Rechtsverordnungen streichen. In einem ersten eher formalen Schritt geht es darum, veraltete Vorschriften, Überreste in Änderungsgesetzen, Sonderregelungen und vorkonstitutionelle Terminologie zu beseitigen. In einem zweiten Schritt soll dann die Qualität der Rechtsnormen genauer untersucht werden.

Die „Initiative Bürokratieabbau“ umfasst also eine ganze Fülle von konkreten Projekten. 74 sind es bisher; weitere werden folgen. 16 davon sind bereits umgesetzt. Ende dieses Jahres sollen dies knapp 40% sein. Am Ende der Legislaturperiode 2006 sollen alle übrigen Projekte abgeschlossen sein.

Flankiert wird die Initiative auch von präventiven Maßnahmen der Bundesregierung zur Verhinderung eines künftigen Regelungsaufwuchses. Im Mittelpunkt stehen hierbei die Bemühungen um eine „Bessere Rechtsetzung", insbesondere durch die Entwicklung praxistauglicher Methoden für eine nachhaltige Wirkungskontrolle von Gesetzen, also einer verbesserte Gesetzesfolgenabschätzung. Die Bundesregierung hat deshalb im Jahre 2000 die Gemeinsame Geschäftsordnung (GGO) der Bundesministerien novelliert, gestrafft und modernen gesetzgebungsfachlichen Standards angepasst: Erstmals sind die Prüfkriterien der sogenannten Blauen Prüffragen verbindlicher Inhalt der GGO geworden. Darüber hinaus sieht die GGO nunmehr auch Befristungen von Gesetzen und Rechtsverordnungen sowie die Prüfung von Möglichkeiten zur Selbstregulierung vor. Schließlich ist auch die Gesetzesfolgenabschätzung selbst in die GGO aufgenommen worden. Das Bundesinnenministerium hatte zuvor die methodischen Grundlagen hierfür wissenschaftlich erarbeiten lassen.

In den beiden zuletzt genannten Handlungsfeldern „Zivilgesellschaft und Ehrenamt" sowie „Dienstleistungen und Bürgerservice" wird nicht nur das politische Leitbild des aktivierenden Staates besonders deutlich. Es wird bei diesen mehr auf die Verwaltung selbst gerichteten Aktionen auch die Ausrichtung an dem damit eng verbundenen verwaltungspolitischen Steueransatz des „Good Governance" offenkundig. Stärker als bei den verwaltungspolitischen Modellen zuvor richtet sich der Fokus dort auf die Organisation und das Management der Netzwerke sowie Interaktionen zwischen Staat, Wirtschaft, Zivilgesellschaft und Bürgern. Zugleich wird deutlich, dass für eine Staats- und Verwaltungsmodernisierung ein über den Bürokratieabbau hinausgehender breiter Ansatz gewählt werden muss. Effizienzsteigerung von Verwaltungshandeln, Abbau von Bürokratie, Prozessoptimierung, die Organisation von Netzwerken sowie die Herausforderungen moderner Informationstechnologie sind untrennbar miteinander verwoben.

Deshalb hat die Bundesregierung nunmehr ein Gesamtkonzept für eine Modernisierung von Staat und Verwaltung erstellt. Diese Strategie zur Modernisierung der Bundesverwaltung, die zweite Phase des Regierungsprogramms „Moderner Staat – Moderne Verwaltung", hat sie mit Kabinettbeschluss vom Juni dieses Jahres nochmals bekräftigt. Die Strategie fasst die wichtigsten Initiativen zusammen und stellt die Politik zur Verwaltungsmodernisierung auf drei Säulen: Das sind neben

- dem beschriebenen Abbau von Bürokratie
- ein modernes Verwaltungsmanagement in der Bundesverwaltung und
- der Ausbau von E-Government.

Die Säule des „Modernen Verwaltungsmanagements" konzentriert sich auf vier strategische Felder:

- Einmal geht es darum – wie im „New Public Management"-Ansatz – die **Effizienz** beim Einsatz von Haushaltsmitteln und Personal zu steigern. Dazu werden verstärkt betriebswirtschaftliche Methoden angewendet, die aber passgenauer für Verwaltungen weiter entwickelt werden müssen. Zu diesem Bereich gehören zudem ressortübergreifende Kernprojekte wie die Optimierung interner Serviceleistungen und des Informations- und Wissensmanagements. So wird etwa die öffentliche Beschaffung im Beschaffungsamt gebündelt und als online-

Dienstleistung angeboten und es werden alle gültigen Verwaltungsvorschriften des Bundes bereinigt in einer Datenbank zusammengefasst.

- Im Bereich des **Personalwesens und der Personalentwicklung** werden neue Anforderungen an die Beschäftigten in einer modernen Verwaltung aufgegriffen. Die Bundesregierung setzt hier unter anderem auf den Ausbau von Projekt- und Netzwerkarbeit, das Coaching und auf Programme zur Stärkung interdisziplinärer Fähigkeiten der Mitarbeiter der Verwaltung. Aber natürlich gehört auch die kürzlich vorgestellte Dienstrechtsreform mit der Einführung der Leistungsbezahlung und der Flexibilisierung des Laufbahnsystems und der Ablösung des Anciennitätsprinzips in diesen Zusammenhang.
- Weiterhin soll das Verwaltungshandeln stärker auf seine **Effektivität** hin ausgerichtet werden. Dazu werden verstärkt Evaluationen anhand moderner Verwaltungsmanagementmethoden durchgeführt. Die Implementierung neuer Steuerungsinstrumente wird fortgesetzt und die Methoden zur Gesetzesfolgenabschätzung werden praxisbezogen weiterentwickelt.
- Schließlich geht es darum, Geschäftsprozesse in der Verwaltung konsequent von den Zielgruppen her zu denken, also den Adressatenbezug von Verwaltungshandeln stärker als bisher zu akzentuieren. Hierzu wird etwa der Bürgerservice der Bundesbehörden verbessert und den Bürgerinnen und Bürgern sollen über das Internet breitere Möglichkeiten zur Beteiligung an politischen Prozessen und Verwaltungsentscheidungen eingeräumt werden.

Die dritte Säule beim Modernisierungsprogramm des Bundes ist das **E-Government**. Eine aktuelle Studie im Rahmen von eEurope 2005 sieht Deutschland beim E-Government in der EU auf dem zweiten Platz hinter Dänemark. 28 europäische Staaten wurden bewertet. Die Spitzenplatzierung Deutschlands im europäischen Vergleich belegt die Wirksamkeit der Maßnahmen der Bundesregierung für die verbesserte Nutzung der Informations- und Kommunikationstechnologie. Im Rahmen der Initiative „BundOnline“ wurden bereits über 280 Dienstleistungen des Bundes im Internet bereitgestellt. Das hat den Service für die Bürgerinnen und Bürger verbessert und der Verwaltung in Deutschland einen deutlichen Modernisierungsschub gegeben. Mit der Initiative „Deutschland-Online“ wird den Ländern und Kommunen eine strategische E-Government-Partnerschaft angeboten. Die bisher heterogene IT-Landschaft der deutschen Verwaltungen der 16 Länder und über 13.000 Kommunen bringt Doppelentwicklungen, Medienbrüche und lückenhafte Vernetzungen mit sich. Das Ziel von „Deutschland-Online“ ist deshalb die Schaffung eines integrierten E-Government-Angebotes von Bund, Ländern und Kommunen.

Ein letzter Aspekt kann und darf bei der Betrachtung der Entbürokratisierung und Verwaltungsmodernisierung in Deutschland nicht außer Acht gelassen werden, nämlich der internationale, insbesondere europäische. Von außen werden zunehmend Forderungen zur Qualitätssteigerung nationaler Regulierungsmaßnahmen erhoben. Die OECD erkennt in ihrem im Juni dieses Jahres veröffentlichten Abschlussbericht des Länderexamens zu Deutschland „Regulatory Reform in Germany“ zwar die gewachsene rechtsstaatlich-fundierte Verwaltungskultur Deutschlands ausdrücklich positiv an, gibt uns aber auch Hausaufgaben auf – zum Beispiel die Entwicklung einer Methodik der quantitativen Messung und Überwachung von Bürokratiekosten. Allerdings muss man feststellen, dass manche dieser Forderungen sich zu stark an angelsächsischen Vorbildern orientieren und zu wenig die besonderen Bedingungen eines föderativen Staatswesens bei der Formulierung und Umsetzung von Politik berücksichtigen.

Auf EU-Ebene war es insbesondere die Lissabon-Tagung des Europäischen Rates im März 2000, auf der der Kommission und den Mitgliedstaaten der Auftrag erteilt wurde, eine koordinierte Strategie zu erarbeiten, um die Qualität der Normsetzung im nationalen und im europäischen Bereich zu vereinfachen und zu verbessern. Im November 2001 legte dann die vom Rat eingesetzte Expertengruppe hierzu ihren Abschlussbericht, den sogenannten „Mandelkern-Bericht", vor, auf dessen Grundlage die Kommission im Juni 2002 den Aktionsplan „Simplifying and Improving the Regulatory Environment" verabschiedete. Hiernach sollen innerhalb der EU die folgenden fünf Instrumente für eine „Bessere Rechtsetzung" systematisch eingeführt werden:

- Eine Gesetzesfolgenabschätzung, verbunden mit der Messung administrativer Kosten,
- die Verbesserung der Konsultationsmechanismen durch die Festlegung von Mindeststandards zur umfassenden Anhörung und Beteiligung aller Regelungsadressaten,
- Rechtsvereinfachung und Deregulierung durch die Verabschiedung weniger belastender und verständlicher Gesetze und eine Konsolidierung des bestehenden Gesetzesbestandes und schließlich
- die Verbesserung des Zugangs zu Rechtsvorschriften für den Regelungsadressaten.

Die Bundesregierung beteiligt sich aktiv an den entsprechenden europäischen Diskursen, insbesondere in einer Reihe formeller Ratsarbeitsgruppen, wie zum Beispiel im Rat Wettbewerbsfähigkeit oder dem EcoFin-Rat. In diesen Gremien ist die Bundesregierung vor allem an Projekten wie Gesetzesfolgenabschätzung, Rechtsvereinfachung und Deregulierung beteiligt. So hat sich die Bundesregierung kürzlich mit 35 konkreten Vorschlägen in die irisch-niederländische Initiative zur Deregulierung von EU-Recht eingebracht.

Bürokratieabbau bleibt also ein Thema, das uns auch in unserer (europäischen) Zukunft beschäftigen wird.

# Staatsverwaltung und Privatisierung in Frankreich

*Prof. Dr. Gonod, Paris*

Privatisierung ist die Überführung des Eigentums eines Unternehmens aus dem öffentlichen Sektor in den privaten Sektor. In der [französischen] Verfassung (Art. 34) wird dieser Vorgang als Bereich genannt, der per Gesetz geregelt wird, ohne dass er jedoch genauer erläutert wird. Man hat es – unter diesem eigentumsrechtlichen Gesichtspunkt betrachtet und wenn man den öffentlichen Sektor so versteht, dass er aus juristischen Einheiten besteht, deren Eigentumsmehrheit zusammen oder einzeln von Rechtssubjekten des öffentlichen Rechts gehalten wird – dabei mit einem Vorgang zu tun, der das Gegenteil der Verstaatlichung von Unternehmen ist. Daher hätte man diesen Vorgang als dé-nationalisation[1] (zu Deutsch Entstaatlichung) bezeichnen können; jedoch wird der Ausdruck Privatisierung dieser Bezeichnung häufig vorgezogen, obwohl er häufig in Fällen verwendet wird, in denen es ganz und gar nicht um eine Überführung von Eigentum von Unternehmen aus dem öffentlichen Sektor in den privaten Sektor geht. In diesem missbräuchlichen Sinne wird der Ausdruck mindestens in folgenden Fällen verwendet:

- Erstens bei der Einführung von Regelungen des Privatrechts in die Wahrnehmung öffentlicher Aufgaben, die sich meistens aus der Umwandlung einer administrativen Einrichtung (service public administratif) in ein Wirtschaftsunternehmen der öffentlichen Hand (service public industriel et commercial) ergibt. So konnte man von Privatisierung sprechen, als *La Poste*, eine in Regie geführte administrative Einrichtung, mit dem Gesetz vom 2. Juli 1990 zum „öffentlichen Betreiber" („exploitant publique") geworden ist, der ein Wirtschaftsunternehmen der öffentlichen Hand führt.
- Außerdem wird als Privatisierung (oder Outsourcing) die Vergabe der Wahrnehmung einer öffentlichen Aufgabe an ein Privatrechtssubjekt insbesondere mittels der Rahmenverträge zur Übertragung öffentlicher Aufgaben (conventions de délégations de service public) bezeichnet.
- Der Ausdruck Privatisierung wird darüber hinaus bei Abtrennung von Unternehmensbereichen bei eines staatlichen Unternehmens verwendet, und zwar selbst dann, wenn das aus der Spaltung des Mutterunternehmens entstehende Rechtssubjekt dem öffentlichen Sektor angehört:[2] Dies war beispielsweise bei der Neuordnung des öffentlichen Erdölsektors in den 70er Jahren der Fall.[3]

---

1 Zu den Gründen dafür, dass der Terminus „Dénationalisation" nicht in Erscheinung getreten ist, siehe insbesondere die Anmerkungen von *A.-S. Meschériakoff*, „Droit public économique", PUF, droit fondamental, 1994 S. 221.

2 Das französische Recht definiert den Begriff staatliches Unternehmen nicht, ebenso wie es dafür kein einheitliches Rechtssystem festlegt: Das Unternehmen ist staatlich, weil es zum öffentlichen Sektor gehört, unabhängig von seiner Rechsform (privatrechtliche Gesellschaft, Verein, öffentlichrechtliche Einrichtung, staatlicher Betreiber usw.).

3 Siehe Conseil d'Etat, 24. November 1978, Sieur Schwarz et autres, R.467, AJDA 1979, S.42 conclusion Latournerie, note Bazex.

Für die juristische Genauigkeit ist es erforderlich, diese juristischen Phänomene auseinander zu halten; jedoch ist es nicht verboten zu denken, dass die – wenn auch unangebrachte – erweiterte Nutzung des Ausdrucks durchaus mit einer Privatisierung im Zusammenhang steht, weil sie Phänomene bezeichnet, die den Auftakt zu einer Eigentumsüberführung bilden könnten. Umgekehrt können, meist aus Gründen der politischen Zweckmäßigkeit, für laufende oder sich abzeichnende Privatisierungen auch andere Bezeichnungen verwendet werden (etwa „Kapitalöffnung" oder „respiration du secteur public" als Bezeichnung für die „Entlastung des öffentlichen Sektors"). Jenseits des Begriffs Privatisierung und der juristischen Modalitäten ihrer Umsetzung ist die Privatisierung insoweit von besonderem Interesse, als mit diesem Instrument das Gewicht des öffentlichen Sektors in der Wirtschaft verringert werden kann. In der Folge wäre die Privatisierung eine der Formen des wirtschaftlichen Rückzugs des Wohlfahrtsstaats.[4]

In Frankreich beruhte die staatliche Intervention lange Zeit auf der Reglementierung der privatwirtschaftlichen Aktivitäten und auf einer strengen Kontrolle der staatlichen Unternehmen, von denen zahlreiche zudem ein Monopol innehatten. Darüber hinaus wählte sie auf diesen beiden Wegen die klassischen Techniken eines Verwaltungssystems. Die direkte Übernahme wirtschaftlicher Aktivitäten durch den Staat kommt nicht mehr in Frage: Einerseits muss der Staat sich aufgrund der Marktöffnung und der Wettbewerbsausweitung damit begnügen, den Wirtschaftsakteuren Spielregeln aufzuerlegen und für die harmonische Ausübung ihrer Tätigkeiten Sorge zu tragen; andererseits zwingt das sich daraus ergebende Erfordernis der Entkopplung der Rolle des Betreibers und der regulierenden Instanz zur Privatisierung der staatlichen Betreiber. Diese Änderung in der Rolle des Staates setzt eine Anpassung seiner Vorgehensweisen voraus, zumal diese mit Anordnung und Zwang, die die Reglementierung charakterisieren, brechen: daher die Entstehung eines Regulierungsrechts.

Natürlich hätte man die selbstregulierenden Mechanismen des Marktes wirken lassen und den Staat als passiven Beobachter einer durch Deregulierung und Privatisierung geöffneten Wirtschaft völlig in den Hintergrund rücken können; aber aufgrund unserer Verwaltungstraditionen wurden eine neue Form der staatlichen Intervention geschaffen, nämlich die Regulierung, und Instanzen eingerichtet, die zwar dem Markt zugewandt und dazu da sind, diesen zu beaufsichtigen, die jedoch vom Staat abgeleitet sind, nämlich Verwaltungsstrukturen mit einem Unabhängigkeitsstatus.

Auch wenn der Staat sich damit nicht völlig aus dem Markt zurückzieht, ist das Phänomen der Privatisierungen ein Ausdruck des Rückzugs des Leistungsstaates (I) und verlangt eine Neudefinition der Arten staatlicher Intervention, die einen Gewährleistungsstaat (II) zutage treten lassen.

4 Neben folgenden anderen Phänomenen: Abbau der öffentlichen Ausgaben, Dereglementierung oder Wegfall von Instrumenten, durch die die Verwaltung auf das wirtschaftliche Gleichgewicht einwirken kann (Planungspolitik, Steuer- und Haushaltspolitik o.ä.); zu diesen Frage siehe insbesondere *J. Chevallier*, „Science administrative", PUF 3è ed., 2002, S. 209 f.

## I Der Rückzug des Leistungsstaates

Als 1986 in Frankreich die Privatisierungen eingeleitet werden, hat der öffentliche Sektor sowohl quantitatives Gewicht – insofern als er eine breite Palette von Tätigkeiten umfasst, die insbesondere in der Wettbewerbswirtschaft und sogar im gewerblichen Sektor ausgeübt werden – als auch qualitatives, wenn man die Wahrnehmung öffentlicher Aufgaben durch die staatlichen Unternehmen in zum Teil monopolistischen Situationen berücksichtigt. Wir haben jedoch innerhalb weniger Jahre einen spürbaren Rückgang des Anteils des öffentlichen Sektors im wettbewerbsorientierten Feld (A) und – aufgrund der Förderung einer staatlichen Beteiligung am Markt – eine Ausweitung des gemischwirtschaftlichen Bereichs (B) erlebt. Die staatliche Präsenz zeigt sich dagegen nicht nur in Eigentumsfragen, sondern auch durch Auflagen, an die Unternehmen mit einer öffentlichen Aufgabe gebunden sind (C).

### A Rückgang des Anteils des öffentlichen Sektors im wettbewerbsorientierten Feld

Als die Regierung von Jacques Chirac 1986 die Privatisierungen einleitet, enthält das eingeführte rechtliche Regelwerk sowohl eine (immer noch geltende) dauerhafte Privatisierungsregelung als auch nur auf einige bestimmte Vorgänge anwendbare Bestimmungen. Die Gesetze vom 2. Juli und 6. August 1986 betreffen 65 Unternehmen: die im Jahre 1982 verstaatlichten, die 1945 verstaatlichten Depositenbanken sowie einige vom Staat gegründete staatliche Unternehmen wie die Gesellschaft *Elf-Aquitaine*. Innerhalb des gleichen Zeitraums wurden parallel dazu weitere Gesetzestexte zur Privatisierung des Fernsehsenders *TF1* (Gesetz vom 30. September 1986) oder auch der *Caisse nationale du crédit agricole* (Gesetz vom 18. Januar 1988) angenommen.

Das Programm wird ausgesetzt, als die Linke an die Macht zurückkehrt, jedoch fünf Jahre später, während der zweiten Kohabitation, wieder aufgenommen (Gesetz vom 19. Juli 1993): Die 1986 lediglich entschiedenen Operationen werden nun umgesetzt, und es wird ein Privatisierungsprogramm für 21 weitere Unternehmen[5] beschlossen. So ehrgeizig dieses Programm, das sehr weitgehend umgesetzt wird, auch ist, umfasst es doch nur Unternehmen des Wettbewerbssektors: die durch bedeutende Sachzwänge der öffentlichen Aufgabenwahrnehmung geprägten Unternehmen bleiben bei der Bewegung außen vor.

Auch wenn die von Staatschef François Mitterrand befürworteten so genannte „Weder-noch"-Doktrin (weder Privatisierung, noch Verstaatlichung) angewendet wird, finden dennoch zwischen den ersten beiden Kohabitationen im Rahmen der so genannten Politik der „respiration du secteur public" („Entlastung des öffentlichen Sektors")[6] einige partielle Eigentumsübertragungen statt. Die Privatisierungsentscheidungen scheinen im Übrigen schnell weniger eine ideologische Frage (a priori auf einer ultra-liberalen Ideo-

5 21 Gesellschaften: 4 Banken, 5 Versicherungen, 10 Industrieunternehmen, 2 Transportgesellschaften (Air France und Compagnie générale maritime).

6 Entspricht der Übernahme einer Minderheitsbeteiligung durch den privaten Sektor an Gesellschaften, bei denen der Staat die Kapitalmehrheit besitzt; siehe insbesondere die Verordnung vom 4. April 1991.

logie gründend) zu sein als einem pragmatischen Ansatz zu entspringen. Die Ausweitung des Privatisierungsprogramms durch die sozialistische Regierung unter Lionel Jospin ab 1997 zeugt davon: Die Privatisierung des Bankensektors ist abgeschlossen, Unternehmen des Industriesektors sind ihrerseits partiell privatisiert – entweder mit einer Mehrheitskapitalbeteiligung des Staates (beispielsweise bei *Air France* oder *France Télécom*), oder ohne Beibehaltung einer Mehrheit (*Thomson CSF* oder *Thomson Multimédia*). Der Prozess setzt sich auch nach der Rückkehr der Rechten an die Macht im Jahre 2002 fort.

Innerhalb von 20 Jahren hat der Staat als Unternehmer einen beachtlichen Rückgang erlebt, der nach Ansicht einiger ein vollständiges Verschwinden des öffentlichen Sektors in der Wirtschaft voraussehen lässt. Die Förderung der staatlichen Beteiligung, die mit der Privatisierungsbewegung im Zusammenhang steht, ermöglicht dagegen die Beibehaltung des Staates als Aktionär.

## B Die Ausweitung des gemischtwirtschaftlichen Bereiches

Die Verbindung zwischen der staatlichen Präsenz und der Wirtschaft sowie die Wettbewerbslogik wirken sich zuerst in der sich entwickelnden Rechtsstellung der für bestimmte Tätigkeiten zuständigen Strukturen aus, in denen die Rechtssubjekte des öffentlichen Rechts regelmäßig beteiligt bleiben.

Durch Umstrukturierungen oder dadurch, dass bestimmte Tätigkeiten ex nihilo von den zentralen Strukturen abgetrennt werden und juristische Selbständigkeit erhalten, entstehen neue staatliche Unternehmen. Hier können das Beispiel des Schiffbaus aus dem Jahre 2002 (*DCN*) oder auch seit 1990 dasjenige von *La Poste* und *France Télécom* genannt werden. Eine gewisse Individualisierung wird durch die Anforderungen des Wettbewerbs notwendig, die Entwicklung hin zur Rechtsstellung einer Handelsgesellschaft scheint jedoch nicht unbedingt notwendig.

Meist ging man davon aus, dass der mit der Rechtsstellung als öffentlich-rechtliche Einrichtung (établissement public) verbundene Grundsatz der Spezialität die Entwicklung der Aktivitäten bestimmter Unternehmen auf dem Markt beeinträchtigt und dass Unternehmen wie beispielsweise die Société des chemins de fer français (*SNCF)*, Réseau ferré français (*RFF)*[7] oder *La Poste* daher nach anderen zu Recht dazu bestimmt seien, zu einer Handelsgesellschaft zu werden. Urteilt man jedoch nach dem Reformprojekt der Post, das nächsten Januar im Parlament zur Debatte steht, so scheint die Änderung der Rechtsstellung nicht immer vorrangig zu sein. 1997 war zunächst die Annahme der Rechtsform der Société anonyme (Aktiengesellschaft nach frz. Recht) geplant; die Rechtsstellung als staatlicher Gewerbebetrieb (établissement public à caractère industriel et commercial – EPIC) von *La Poste* hat dem Wachstum der Gruppe jedoch

7 Das Gesetz vom 13. Februar 1997 für den Eisenbahnbereich hat das für die Infrastruktur zuständige Unternehmen von demjenigen getrennt, das die eigentliche Beförderung sicherstellt. Alle in diesem Beitrag genannten Gesetze und in der Entwicklung befindlichen Entwürfe können auf www.legifrance.fr eingesehen werden.

nichts anhaben können. So wird im Zuge der schrittweisen Wettbewerbsöffnung und des Zwangs für Frankreich, die diesbezüglichen 1997 und 2002 angenommenen Richtlinien[8] umzusetzen, derzeit nur noch erwogen, die Finanzaktivitäten dieses Unternehmens an eine als Kreditanstalt zugelassene Tochtergesellschaft zu übertragen.[9]

Die Entwicklung der Rechtsstellung kann jedoch die Vorstufe einer Eigentumsübertragung vom öffentlichen Sektor auf den privaten Sektor sein, ein Vorgang, der auch als „schleichende Privatisierung" (privatisation rampante) bezeichnet wird. Das Beispiel France Télécom kann diese Situation veranschaulichen: Bei dieser bis 1990 in Regie geführten öffentlichen Einrichtung, die sodann staatlicher Betreiber und anschließend gemäß dem Gesetz vom 26. Juli 1996 Société anonyme mit Mehrheitsbeteiligung des Staates (55%) wurde, wurde das Kapital in mehreren Etappen schrittweise geöffnet, bis das Gesetz vom 31. Dezember 2003 über öffentliche Versorgungpflichten im Telekommunikationwesen und über *France Télécom* die Voraussetzungen für die Privatisierung regelte. Dieses Gesetz gestattet dem Staat, seine Beteiligung unter die Schwelle von 50% zu senken – was per Verordnung vom 3. Mai 2004[10] auch getan wurde. Die Öffnung der Unternehmen für Privatkapital kann unter Beibehaltung einer staatlichen Mehrheitsbeteiligung durchgeführt werden, wie es seit Annahme des Gesetzes vom 9. August 2004[11] bei Electricité de France (*EDF*) und Gaz de France (*GDF*) (70% des Kapitals) oder auch nach dem derzeit in der Diskussion befindlichen Gesetzesentwurf[12] bei der Gründung von *Aéroport de Paris* der Fall ist.

Es gibt mehrere Gründe für die Beibehaltung einer staatlichen Beteiligung, die häufig eine Mehrheitsbeteiligung ist: Einige finanzielle, technologische und strategische Aktivitäten werden als „entwicklungsrelevant" eingestuft, wie etwa die Forschung in Luft- und Raumfahrt, im kerntechnischen Bereich oder auch in mit der nationalen Verteidigung zusammenhängenden Bereichen. Doch im Wesentlichen ist das Gemeinwohl, dem die Regierenden verpflichtet sind, in erster Linie dafür ausschlaggebend, bei Unterneh-

8 Richtlinien vom 15. Dezember 1997 und vom 10. Juni 2002.

9 Das bedeutet, jegliche Vermögenswerte, Rechte und Pflichten, die mit finanziellen Dienstleistungen verbunden sind; siehe den Gesetzesentwurf über die Regulierung des Postwesens, wie er vom Senat am 28. Januar 2004 angenommen wurde.

10 Bei *Air France*, seit 1994 Aktiengesellschaft, wurde die Öffnung des Kapitals für den privaten Sektor per Verordnung 1998 vorgenommen, wobei die Mehrheitsbeteiligung des Staates 2003 an den privaten Sektor übergegangen ist.

11 Das Gesetz vom 9. August 2004 über die öffentliche Daseinsvorsorge im Bereich Elektrizität und Gas und über die Elektrizitäts- und Gasunternehmen hat nämlich die öffentlich-rechtlichen Einrichtungen EDF und GDF in Sociétés anonymes umgewandelt, eine Umwandlung, die auf die Notwendigkeit zurückzuführen ist, sich dem europäischen Wettbewerb zu stellen: Es geht darum, ihnen „Mittel zu ihrer Weiterentwicklung und zum Kampf mit gleichen Waffen gegen ihre europäischen Wettbewerber bereitzustellen", so die Begründung des Gesetzesentwurfs. Angesicht der Bedeutung dieser Unternehmen für die Umsetzung der Energiepolitik Frankreichs und des großen Anteils der Kernenergie an der Energieproduktion bekräftigt die Regierung jedoch, dass sie dem Staat die Kapitalmehrheit erhalten will.

12 Der Entwurf sieht die Umwandlung in eine Société anonyme vor, und dies auch, um dem Unternehmen zu ermöglichen, sich der Entwicklung der Luftfahrtbranche zu stellen, und sich dem Wettbewerb leichter stellen zu können. Auch wenn die Regierung die Öffnung des Kapitals der neuen Gesellschaft für den privaten Sektor beabsichtigt, so bekräftigt sie im Gegenzug, dass der Staat die Kapitalmehrheit des Unternehmens behalten soll.

men, die öffentliche Aufgaben wahrnehmen, eine staatliche Beteiligung beizubehalten; in einigen Fällen zwingen die verfassungsrechtlichen Normen sie dazu.[13] Die Eingliederung dieser Tätigkeiten in den Markt kann also die staatliche Kapitalbeteiligung rechtfertigen, stellt aber keineswegs das Ende der öffentlichen Aufgabenwahrnehmung dar.

## C Die Trennung von öffentlicher Aufgabe und öffentlichem Sektor

Indem sie dem nationalen und europäischen Wettbewerbsrecht unterliegen,[14] sind die Verwaltungsbehörden gezwungen, die Wahrnehmung einer öffentlichen Aufgabe nicht ungeachtet der Wettbewerbsregelungen oder unter Bedingungen, durch die das freie Wettbewerbsspiel auf einem Markt verfälscht wird oder werden soll, vorzusehen. Infolgedessen und vorausgesetzt, dass man nicht öffentliche Dienstleistung und Monopol miteinander gleichsetzt, macht die Entscheidung zur Wettbewerbsöffnung es erforderlich, die Verknüpfung zwischen Rechtsstellung des Unternehmens und Wahrnehmung öffentlicher Aufgaben zu lockern. Sobald es jedoch um die Erfüllung einer öffentlichen Aufgabe geht, behält die Staatsgewalt, unabhängig sowohl von der Rechtsstellung als auch von der Gestalt des wahrnehmenden Trägers, die Fähigkeit, Versorgungspflichten aufzuerlegen.[15] Die europäischen Regelungen lassen dies im Übrigen unberührt.[16]

Versorgungspflichten können also durch einen Staat eingeführt werden, sobald er dies für erforderlich hält. So verweisen die Gesetze vom 26. Juli 1996 und vom 10. Februar 2000 über das Telekommunikationswesen bzw. zur Elektrizität – zum ersten mal auf gesetzlicher Ebene – auf die traditionellen so genannten Rolland-Gesetze, indem sie bestimmen, dass die fraglichen Aufgaben unter Achtung der Grundsätze der Gleichheit,

13 Gemäß der Präambel der Verfassung von 1946, die insbesondere bestimmt: „Jedes Vermögen, jede Unternehmung, deren Bereich den Charakter eines öffentlichen nationalen Dienstes oder eines tatsächlichen Monopols hat oder erlangt, muss Eigentum der Gesamtheit werden."

14 Die geänderte Verordnung vom 1. Dezember 1986 – mit rechtsetzendem Wert – sieht vor, dass ihr „insbesondere im Rahmen der Rahmenverträge zur Übertragung öffentlicher Aufgaben (conventions de délégation de service public) alle Produktions-, Vertriebs- und Dienstleistungstätigkeiten einschließlich derjenigen, die von öffentlich-rechtlicher Körperschaften erbracht werden" unterliegen. So unterliegen die öffentlich-rechtlichen Körperschaften, wie der Verwaltungsrichter in Erinnerung rief, hinsichtlich der Akte der Wahrnehmung der staatlichen Aufgaben nicht nur den Gemeinschaftsregelungen für den Wettbewerb (Conseil d'Etat, 8. November 1996, Fédération française des sociétés d'assurances, CJEG 1997, S.1232, Conclusions J. C. Bonichot), sondern auch den Regeln, die in der Verordnung vom 1. Dezember 1986 festgelegt sind (Conseil d'Etat, 3. November 1997, Société Million et Marais, AJDA 1997, Chronique S.1012.).

15 *L. Rapp*, „France Télécom entre service public et secteur privé, ou la tentation de Madrid", AJDA 2004, S. 579, ist der Ansicht, dass die betroffenen Unternehmen „zwischen öffentlichem Dienst und privatem Sektor" angesiedelt sind.

16 Insofern als der Fall der „Unternehmen, die mit Dienstleistung von allgemeinem wirtschaftlichem Interesse betraut sind" ausgenommen ist, und dies, damit sie bei der Erfüllung der ihnen zufallenden Aufgabe nicht behindert werden. Die (objektive) Art, auf die der Gerichtshof der Europäischen Gemeinschaften den Dienst von allgemeinem wirtschaftlichen Interesse begreift (siehe die berühmten Urteile 19. Mai 1993, Paul Corbeau, R.1-2563 und 27. April 1994, Commune d'Almélo, R .1-508.) ermöglicht es, die harte Prüfung des Konzeptes „öffentlicher Dienst à la française" durch das europäische Wettbewerbsrecht zu relativieren (siehe insbesondere *Y. Gaudemet*, „Le service public à l'épreuve de l'Europe : vrais et faux procès", Mélanges B.Jeanneau, Dalloz, 2002, S.473).

der Kontinuität und der Anpassungsfähigkeit wahrgenommen werden müssen; außerdem definieren sie für jeden Sektor spezielle Versorgungspflichten. Schließlich sieht das neue Gesetz hinsichtlich der Versorgungspflichten bei Elektrizität und Gas (09. August 2004) sogar vor, dass diese Versorgungspflichten in den von diesen Gesellschaften abgeschlossenen Plan- und Werkverträgen zu wiederholen und präzisieren sind.[17]

Unter dem uns beschäftigenden Gesichtspunkt sind hierzu zwei Anmerkungen zu machen. Erst einmal leidet die Einheitlichkeit der öffentlichen Aufgaben sicherlich darunter, dass bei den Versorgungspflichten der sektorielle Ansatz vorherrscht, und es kann bedauert werden, dass damit die Dichte des öffentlichen Netzes nachlässt; doch damit werden die öffentlichen Aufgaben nicht einfach negiert. Des Weiteren sind die betroffenen Sektoren nicht den Kräften des Marktes und den alleinigen Interessen der Betreiber ausgesetzt, denn es obliegt noch immer dem Staat, die Einhaltung bestimmter Garantien sicherzustellen, wie die Organisation der Dienstleistungen auf dem gesamten Hoheitsgebiet und zum Nutzen der gesamten Bevölkerung, oder auch die Achtung des Pluralismus u.ä., mit anderen Worten, die Einhaltung der Versorgungspflichten und die Beibehaltung eines allgemeinen Dienstes sicherzustellen.

Mit den Privatisierungen wird – gewissermaßen indirekt – ein neues Verständnis der Modalitäten zur Befriedigung des Gemeinwohls zumindest im wirtschaftlichen Bereich nötig, und infolgedessen auch der Voraussetzungen für deren Wahrnehmung.

Bei der Erfüllung wirtschaftlicher und sozialer Aufgaben durch den Staat geht man allgemein davon aus, dass „die normale Interventionsform die der klassischen Verwaltung ist, die diese Funktion hat und entsprechend ausgestattet ist, sei es um zwischen divergierenden Interessen zu vermitteln oder so nah am Geschehen wie möglich tätig zu werden“;[18] jedoch mussten die traditionellen Verwaltungsstrukturen angepasst werden, sowohl um Konflikte zwischen dem Staat als wirtschaftlichem Akteur – selbst wenn er dies nur ganz und gar indirekt ist – und dem Funktionieren eines Wettbewerbsmarktes zu vermeiden, als auch um eine Regulierungsaufgabe zu leisten.

## II Das Aufkommen eines Gewährleistungsstaates

Um die Wahrnehmung seiner Leitungs- und Kontrollfunktion für den öffentlichen Sektor anzupassen,[19] hat der Staat kürzlich eine neue Verwaltungseinheit ins Leben gerufen, deren Einrichtung von einer gewissen Schwierigkeit zeugt, sich von den klassischen ministeriellen Strukturen freizumachen (A), was im Gegensatz zu den Vorausset-

17 Siehe *L. Richer*, „Une nouvelle conception du service public du gaz et de l'électricité“, AJDA 2002, S.2094.

18 Öffentlicher Bericht des Conseil d'Etat für 2001, EDCE Nr. 52, S. 377.

19 Die Umstrukturierung der Wirtschaftsverwaltunglandschaft, für die die Privatisierung ein Instrument ist, fördert die Entwicklung der Mischwirtschaft; infolgedessen erhält die Frage nach dem Platz des Staats als Aktionär in der Führung der staatlichen Unternehmen zentrale Bedeutung; siehe den Bericht von *R. Barbier de la Serre*, „L'Etat actionnaire et le gouvernement des entreprises publiques“, Februar 2003.

zungen für die Wahrnehmung der Regulierungsaufgabe steht, die ihrerseits dagegen die traditionelle Verwaltungslandschaft umpflügt (B).

### A Leitung und Kontrolle des öffentlichen Sektors: die Agence des participations de l'Etat

Traditionellerweise übernimmt der für Finanzen zuständige Minister die Funktion des Staates als Aktionär[20] und bei ihm die Direction du Trésor (Abteilung Staatshaushalt).

Diese Abteilung der Zentralverwaltung führt zu einem Teil[21] die wirtschaftliche und finanzielle ministerielle Aufsicht über die staatlichen Unternehmen. Eine ihrer drei Untereinheiten, der Service des participations (Stelle für Beteiligungen),[22] war insbesondere dafür zuständig, die Transaktionen zu betreuen, die das Kapital der Unternehmen und ihre Beziehungen zum Staat als Aktionär betrafen. Die Erfahrung hat gezeigt, dass eine solche Organisationsform unzureichend ist, und war in so starkem Ausmaß, dass dies als unnormale Situation und eines der Probleme der Staatsreform bezeichnet wurde.[23] Nach der Hinterfragung der Stichhaltigkeit bestimmter Operationen[24] oder ihrer stillschweigenden Hinnahme und insbesondere der späten Reaktion auf Managementfehler mit verheerenden finanziellen Folgen (*Crédit Lyonnais*-Affäre) hat sich akut die Notwendigkeit für den Staat gezeigt, über ein Zentrum zur Information, strategischen Überlegung und operativen Reaktion zu verfügen, mit dem die Führung der staatlichen Unternehmen gestärkt werden kann. Um dieser Anforderung nachzukommen, richtet die Verordnung vom 9. September 2004 eine Agence des participations de l'Etat (Agentur für staatliche Beteiligungen) ein.

Die Gestaltung der Agence des participations de l'Etat bleibt weit hinter den von der Arbeitsgruppe, die ihre Einführung gefördert hat, formulierten Vorschlägen zurück.[25] Ursprünglich war die Einführung eines sehr autonomen Verwaltungs„stabs" geplant, der einzig der Aufgabe verschrieben ist, den Staat als Aktionär zu verkörpern; im Gegensatz zu anderen in Frankreich eingerichteten Agenturen[26] nicht mit einer Rechtspersönlichkeit versehen, sollte sie ihre Autorität und Legitimität aus ihrer direkten Anbin-

---

20 Das Gesetz vom Januar 1948, Artikel 36, legt fest, dass er „der einzige Anweisungsbefugte ist, der berechtigt ist, die Beteiligungen des Staats zu zeichnen, zu erwerben, zu veräußern oder zu verwalten", und das Gesetz vom 25. Juli 1949 präzisiert seinerseits (Artikel 32), dass „der Finanzminister der einzige Anweisungsbefugte für Ausgaben ist, die auf Kapitalerhöhungen und Kapitaleinlagen der staatlichen Unternehmen zurückzuführen sind".

21 Zusammen mit der Direction du budget (Haushaltsabteilung) und der Direction de la comptabilité publique (Abteilung für öffentliches Rechnungswesen), und neben der klassischen Staatsaufsicht.

22 Siehe Urteile vom 2. November 1998.

23 Zudem mit nur geringem Personal ausgestattet (25 Personen), ist sie nicht mit „den zentralen Diensten einer privaten Holding vergleichbar, die über Hunderte Personen verfügen würde, wenn sie, wie der französische Staat, 1500 Unternehmen leiten und beaufsichtigen müsste, die mehr als 1.200.000 Personen beschäftigen und von denen einige in ihrer Branche zu den größten der Welt gehören. Diese unnormale Situation stellt eines der Probleme der Staatsreform dar", stellt *A. Delion* 2002 in „Le droit des entreprises et des participations publiques", LGDJ 2002, S.88 fest.

24 Und nach der Realisierung: Beteiligung der EDF an Montedison 2001.

25 Vorsitz *M. Barbier de la Serre*, Bericht op.cit. note 20.

26 Zum Beispiel im Bereich Gesundheitsvorsorge.

dung an das Finanzministerium schöpfen; es wird jedoch nur eine einfache Umstrukturierung der mächtigen Direction du Trésor vorgenommen, der die Agence direkt unterstellt ist. Die dieser Einheit der Zentralverwaltung gewährte Bezeichnung Agence hat auch etwas Irreführendes.

Das Ausgangsvorhaben verankerte den Grundsatz der Spezialität und das Prinzip der Autonomie der Agence. Ihr stand es nämlich zu, sämtliche normalerweise einem Aktionär zustehenden Funktionen auszuüben und die Position des Staates als Aktionär in den Räten der wichtigsten staatlichen Unternehmen zu vertreten. Das Vorhaben bahnte auch einen großen Fortschritt hin zur Eigenständigkeit dieser Stelle mit nationaler Zuständigkeit, von der hier nur einige Merkmale genannt werden müssen: ein vom Kabinett ernannter Vorsitzender, dem ministerielle Befugnisse übertragen werden, sollte sie, mit Unterstützung mehrerer „Senior-Verwalter“ („administrateurs seniors“), leiten; ein „Interventionshaushalt“ (budget d'intervention) wurde eingerichtet, um freie Mitarbeiter und – während Operationen zur finanziellen Umstrukturierung oder Privatisierung – Fachleute zu entlohnen; das Zusammenspiel der Tätigkeit der Agence mit derjenigen der anderen Behörden des Staates sollte mithilfe eines „Ausrichtungs- und Betreuungsausschusses“ (comité d'orientation et de suivi) sichergestellt werden, dem der Finanzminister vorsteht.[27] Die Umsetzung zeugt vom Widerstand gegen Veränderungen, der die Finanzverwaltung häufig charakterisiert: Der Grundsatz der Spezialität wird beibehalten,[28] doch das Streben nach Eigenständigkeit wird abgelehnt. Unter Leitung eines Direktors umfasst die Agentur – so wie die Abteilungen der Zentralverwaltungen – drei vertikale Unterabteilungen (Transport/Energie/Dienstleistungen, Audiovisuelle Medien, Verteidigung). Neben ihrer Zuständigkeit für die Umsetzung der Entscheidungen und Ausrichtungen des Staates als Aktionär[29] sind ihre Aufgabenbereiche zwar sicher breiter als die der alten Struktur (so kann sie über Personalmaßnahmen konsultiert werden oder wirkt auch an der Erarbeitung der Planverträge mit), jedoch sitzt ein Direktorium für den Staat als Aktionär lediglich an ihrer Seite.[30]

Es ist zu bedauern, dass die Einrichtung der Agence nicht als Gelegenheit genutzt wurde, einen Schritt weiter in der Befriedigung des Bedarfs nach einer unabhängigen Bewertung zu gehen, eine Bewertung, die nicht schädlich sein kann, da es sich dabei um das Fachwissen und die Bewertung des öffentlichen Sektors handelt. Diese neue „Funktionseinheit“ stellt keinen wirklichen institutionellen Bruch dar, der mit diesen Zergliederungen der Verwaltungen einhergeht, den die Regulierungsbehörden ihrerseits konkretisieren.

---

27 Und das sich aus Vertretern der wichtigsten Ministerien und Verwaltungen zusammensetzt, die von den Tätigkeiten der Unternehmen betroffen sind, deren Kapital der Staat vollständig oder teilweise hält.

28 „Die Agentur übt mit der Wahrung der eigentumsrechtlichen Interessen des Staates die Aufgaben des Staates als Aktionär bei Unternehmen und Einrichtungen aus, die mehrheitlich oder nicht mehrheitlich, direkt oder indirekt unter der Kontrolle oder im Besitz des Staates sind, und die auf der in der Anlage dieser Verordnung befindlichen Liste stehen.“ (Artikel 2).

29 Sie verfügt über eine Vorschlags-, Evaluierungs- und Kontrollbefugnis für die Unternehmen.

30 Es ist damit beauftragt, den Gesamtrahmen der Entwicklung des öffentlichen Sektors, seine Leitungs- und Kontrollgrundsätze festzulegen, in die sich die Tätigkeit der Agentur einfügt, untersteht dem Vorsitz des für Wirtschaft zuständigen Ministers und setzt sich aus Vertretern aller betroffenen Ministerien zusammen.

## B Die Eingrenzung der Marktmechanismen: Regulierungsbehörden

Die mit einer Regulierungsaufgabe betrauten Organe sind Teil der Bewegung der unabhängigen Verwaltungsbehörden (autorités d'administration indépendantes). Die Regulierungsbehörden sind also in ihrer Rechtsform nicht neu – eine Rechtsform, die im Übrigen in den diversesten Tätigkeitsbereichen verwendet wird (vom Bereich der Nuklearsicherheit bis zum Bereich der Diskriminierungsbekämpfung). Außerdem stellt im französischen Konzept die Regulierung nicht nur einen Weg dar, die Einhaltung des Wettbewerbs durch die Wirtschaftsakteure sicherzustellen, sondern auch ein Mittel, um den Markt und die öffentlichen Aufgaben miteinander zu vereinbaren. Deshalb ist bei den unabhängigen Verwaltungsbehörden die Funktion der sektoriellen Regulierung mit einem Status der Unabhängigkeit verbunden.

1.) Die Regulierungsbehörden gehören zu den unabhängigen Verwaltungsbehörden. Die Schaffung dieser Behörden gründet auf dem Willen, die Kontrolle über einen bestimmten Tätigkeitssektor, der fachlich und/oder politisch sensibel ist, Strukturen zu übertragen, die außerhalb der Verwaltungshierarchie stehen und über eine große Arbeits- und Entscheidungsautonomie verfügen. Diese Rechtsform, die 1978 mit der Gründung der Commission nationale informatique et libertés (*CNIL* – Nationale Kommission für Informatik und Grundfreiheiten) erstmals ausdrücklich genutzt wurde, wurde in der Folge mehrfach verwendet, so dass sie in dem Maße an Verständnistiefe verloren hat, wie sie an Verbreitung gewonnen hat. Der Begriff der unabhängigen Verwaltungsbehörden mag zwar nicht klar umrissen sein, doch wird er hauptsächlich verwendet, um entweder die Förderung demokratischer Werte sicherzustellen (viele von ihnen haben den Schutz der Freiheiten und Grundrechte zur Aufgabe) oder um den Markt oder die Märkte zu regulieren.

Der Status dieser Verwaltungsbehörden, der von Behörde zu Behörde unterschiedlich ist, um an den betreffenden Sektor angepasst werden zu können, ist dazu da, ihre Unabhängigkeit zu gewährleisten. Mit der bemerkenswerten Ausnahme der Autorité des marchés financiers (*AMF* – Behörde für die Aufsicht über die Finanzmärkte)[31] haben sie keine vom Staat getrennte Rechtspersönlichkeit und weisen also das Kuriosum auf, im Namen des Staates zu handeln, dabei aber jeglicher Verwaltungshierarchie entzogen zu sein: sie unterstehen insbesondere nicht der politischen Macht und sind keiner Behörde gegenüber weisungsgebunden. Die dienstrechtlichen Garantien der Mitglieder der unabhängigen Verwaltungsbehörden, oder auch das Kollegialprinzip, tragen darüber hinaus dazu bei, diese Unabhängigkeit sicherzustellen. Ihre Befugnisse sind ebenfalls divers:[32] Sie können von der einfachen Stellungnahme bis zur Verhängung von Sanktionen reichen. Am häufigsten üben sie eine Einzelentscheidungsbefugnis, eine Rechtsetzungsbefugnis und manchmal also eine Sanktionsbefugnis aus. Die Einhaltung von Artikel 21 der Verfassung, demzufolge der Premierminister der Inhaber der allgemeinen Rechtsetzungsbefugnis ist, ist Grundlage dafür, dass die Übertragung der Rechtsetzungsbefugnis an sie „nur Maßnahmen mit sowohl in ihrem Anwendungsbereich als

31 Gesetz vom 1. August 2003 zur Finanzsicherheit.

32 Festgelegt durch den jeweiligen Text, der ihre Schaffung begründet.

auch in ihrem Inhalt begrenzter Tragweite“[33] betreffen kann. Die Sanktionsbefugnis ist deutlich größer, wenngleich sie unter strenger richterlicher Kontrolle bleibt.

Die Bedeutung der den unabhängigen Verwaltungsbehörden übertragenen Kompetenzen macht nicht nur eine richterliche Kontrolle notwendig, die der ordentlichen Gerichtsbarkeit meist per Gesetz zugewiesen wird,[34] sondern aufgrund der Sanktionsbefugnis, über die viele von ihnen verfügen, auch eine Unterstellung unter die Forderungen von Artikel 6-1 der Europäischen Menschenrechtskonvention, die die Unparteilichkeit gewährleisten sollen.[35] Trotz dieser Forderungen sind die unabhängigen Verwaltungsbehörden keine Rechtsprechungsorgane[36], sie sind innerhalb der staatlichen Verwaltung angesiedelte Instanzen, auch wenn sie außerhalb der traditionellerweise hierarchischen und pyramidenförmigen Verwaltungsstruktur stehen.

2.) Regulierung darf nicht mit Reglementierung verwechselt werden. Sie kann verstanden werden als eine Tätigkeit, die „zwischen der Entscheidung über die politischen Ausrichtungen, die nur den gewählten Instanzen obliegt, und der Wahrnehmung der Aufgaben, die Angelegenheit der Verwaltungen ist, steht“.[37] Die Verwendung der Rechtsform der unabhängigen Verwaltungsbehörden hat sich als auch für den Wirtschaftbereich geeignet erwiesen.[38] Die Regulierungsbehörden nehmen zwei unterschiedliche Arten von Regulierung vor: eine allgemeine Regulierung und eine sektorielle Regulierung.

Als Regulierungsinstanzen mit allgemeiner Zuständigkeit können der *Conseil de la concurrence* (Wettbewerbsrat) und die *AMF* (Behörde für die Aufsicht über die Finanzmärkte genannt werden. Mit der Entwicklung der Wettbewerbspolitik unter dem Einfluss der europäischen Behörden wurde eine Verstärkung der Regulierungsfunktion erforderlich, die 1986[39] zur Gründung des *Conseil de la concurrence* geführt hat. Der *Conseil de la concurrence* ist die einzige Behörde, die wettbewerbswidrige Praktiken sanktionieren kann (Preisabsprachen oder Absprachen über die Aufteilung der Märkte, Missbrauch einer Vormachtstellung, Preisdumping etc.)[40]; er ist auch die einzige Behörde, die zu allen Wettbewerbsfragen Stellung nehmen kann. Sein Aufgabenbereich, der früher dem für Wirtschaft zuständigen Minister oblag, erstreckt sich über alle Wirtschaftsektoren und betrifft alle Unternehmen, staatliche ebenso wie private. Die 2003 aus der Fusion der Commission des opérations de bourse (Börsenaufsicht), dem Conseil des marchés financiers (Finanzmarktaufsicht) und dem Conseil de discipline de la gesti-

---

33 Conseil constitutionnel 17. Januar 1989 bezüglich des Conseil supérieur de l'audiovisuel (*CSA*) und Conseil constitutionnel 23. Juli 1996 bezüglich der Autorité de régulation des télécommunications (*ART- Regulierungsbehörde für das Telekommunikationswesen*).

34 Dies gilt insbesondere für folgende Behörden: Conseil de la concurrence, *AMF*, *ART*, *CRE*.

35 Siehe insbesondere Conseil d'Etat, 3. Dezember 1999, Didier.

36 Selbst in dem Fall, dass die rechtsprechende Aufsicht geführt wird durch … einen Cour d'appel (frz. Berufungsgrericht).

37 Nach *F.Gazier* und *Y.Cannac*, zitiert vom Conseil d'Etat, öffentlicher Bericht 2001, op.cit. Note 19.

38 Siehe insbesondere *J. Chevallier*, „Les autorités administratives indépendantes et la régulation des marchés“, Justices, Nr. 1, 1995, S.81.

39 Verordnung vom 1. Dezember 1986.

40 Sanktionsbefugnis verstärkt durch das Gesetz zu den neuen Wirtschaftsregulierungen vom 15. Mai 2001.

on financière (Disziplinarrat der Finanzverwaltung) entstandene *AMF* [41] weist die Besonderheit auf, mit einer eigenen Rechtspersönlichkeit ausgestattet zu sein, wodurch die Unabhängigkeit ihrer Tätigkeit deutlich gestärkt wird. Sie übt ihre Befugnisse zur Rechtsetzung, zur Genehmigung von Finanztransaktionen, zur Kontrolle der Richtigkeit von Finanzinformationen und zur Marktaufsicht im gleichen Zuständigkeitsbereich aus wie der Conseil de la concurrence. Diese beiden Instanzen werden häufig als „Ober-Regulatoren" („super-régulateurs") bezeichnet, weil sie ihre Regulierungsaufgabe in allen Sektoren einschließlich denjenigen, die über eine eigene Regulierungsinstanz verfügen, ausüben, wobei im Übrigen Verfahren zur Zusammenarbeit zwischen Ober-Regulator und sektoriellen Regulatoren entwickelt wurden.

Die Wettbewerbsöffnung der netzbasierten öffentlichen Dienstleistungen (Telekommunikationswesen, Energie, Postwesen etc.) erforderte nicht unbedingt, dass eine auf die Regulierung des jeweiligen Sektors spezialisierte Institution eingerichtet wird. Dafür hat sich jedoch der französische Staat meist entschieden, um darauf zu achten, dass in einem Markt, in dem es ein staatliches Monopol gab, ein echter Wettbewerb eintritt. So wurden insbesondere geschaffen: die Autorité de régulation des télécommunication (*ART* – Regulierungsbehörde für das Telekommunikationswesen), die nach einem derzeit in der Debatte befindlichen Gesetzesentwurf zur „Regulierung des Postwesens"[42] wahrscheinlich durch eine Behörde zur Regulierung der elektronischen Kommunikation und der Post ersetzt werden wird, oder auch die französische Kommission für die Regulierung des Elektrizitätswesens, die nach dem Gesetz vom 3. Januar 2003 bei der Wettbewerbsöffnung der Gasbranche zur Commission de régulation de l'énergie (*CRE* – Kommission zur Regulierung des Energiewesens) wurde. In ihren jeweiligen Interventionsbereichen verfügen diese Instanzen über die Befugnis zur Stellungnahme und zu Rechtsetzungs- und Einzelfallentscheidungen, sowie über eine eigenständigere – nicht rechtsprechende – Kompetenz zur Beilegung von Streitigkeiten zwischen den Akteuren.

Die Anpassung der für die staatliche Tätigkeit in der Wirtschaft zuständigen Strukturen führt zu Zergliederungen der Verwaltung, die von dauerhafter Natur sind[43]. Die neue Agence des participations de l'Etat mag zwar darin schwierig einzuordnen sein, doch darf angenommen werden, dass sie Vorbote für andere Umsetzungsformen sein könnte. Angesichts der Zunahme der Regulierungsbehörden und erst recht einerseits der wachsenden Autonomie, die ihnen zugestanden werden könnte, wie die mögliche Bewilligung einer vom Staat unabhängigen Rechtspersönlichkeit belegt, andererseits der schrittweisen Stärkung ihrer Befugnisse[44] ist eine Balkanisierung der zentralen Verwaltungsstrukturen zu befürchten. Doch muss auch angemerkt werden, dass diese Instanzen die Einrichtungen zur Aufsicht über die Wirtschaft vervollständigen, ohne sich jedoch

41 Siehe *D. Linotte* und *G. Simoni*, „L'AMF, prototype de la réforme de l'Etat ?", AJDA 2004, S. 143.

42 Oben genannter Entwurf, Anmerkung 10.

43 Und nicht vorübergehend, wie es die „administrations de mission" (aufgabenbezogene Behörden) waren.

44 Beispielsweise zugunsten der ART oder des CSA durch den „Spielraum" der jüngsten Gesetze für das Vertrauen in die elektronische Wirtschaft (21. Juni 2004) und bezüglich der elektronischen Kommunikation und der audiovisuellen Kommunikationsdienste (9. Juli 2004); siehe *L. Rapp*, „le droit des communications entre réglementation et régulation", AJDA 2004, S.2047.

an die Stelle der eigentlichen Verwaltung oder der Justiz zu setzen, obwohl sie häufig zwischen diesen beiden Polen angesiedelt sind.

Um sich Fragen über den Umfang des öffentlichen Sektors zu stellen, wie es bei jeder Annäherung an das Thema Privatisierung erforderlich ist, müsste die Frage nach dem Platz und der Notwendigkeit des Staats als Wirtschaftakteur gestellt werden. Es handelt sich jedoch nicht um eine Frage von Grenzen, die nach quantitativen Kriterien bemessen werden kann: „ Der Staat braucht die Grenzsteine seines Königreichs nicht zu versetzen, um es auszudehnen", sagte F. de Closets, um zu unterstreichen, in welchem Ausmaß die Umsetzung seiner Regulierungs- und Reglementierungsfunktion dem Staat Möglichkeiten eröffnet, „kapitalistische Unternehmen soweit einzuschnüren, dass sie kaum mehr Autonomie als nationale Unternehmen haben".[45] Der Wandel der Modalitäten der staatlichen Präsenz auf dem Markt – denn diese Präsenz gibt es jetzt und wird es auch in Zukunft geben – bedarf ab sofort einer Erweiterung der Bedingungen und der Struktur zur Regulierung von Wettbewerbstätigkeiten, die in Frankreich bereits begonnen wurde, insbesondere im Kommunikationssektor[46].

45 „L'efficacité de l'Etat", Bericht der Commission du 10è plan, S.25.

46 Siehe zu diesem Punkt insbesondere in der Darlegung von *L. Rapp*, loc.cit., die drei Schritte, die ihm zufolge der Ausstieg aus einem Monopolsystem erforderlich macht.

## Diskussion zu den Referaten von Dr. Gunnar F. Schuppert, MD Ernst Hüper und Dr. Pascale Gonod

*Leitung: Prof. Dr. Werner Jann, Potsdam*

Der Diskussionsleiter Prof. Dr. *Werner Jann* fasste zunächst die typischen Erscheinungsformen von Bürokratiekritik zusammen. Fehlentwicklungen und Versäumnisse im Verhältnis von Bürgern und Staat würden regelmäßig der Bürokratie angelastet oder vereinfachend mit Geldmangel bzw. dem Unverständnis der jeweiligen „Oberen" erklärt. Diese Ansätze seien unzureichend. Man müsse vielmehr zwischen den verschiedenen Formen von „Bürokratieabbau" unterscheiden. *Jann* nannte hier einmal den Abbau bzw. die Privatisierung staatlicher und kommunaler Aufgaben und die Aufhebung dadurch begründeter Pflichten Privater, dann die Aufhebung von Rechtsnormen und die Bereinigung des Normenbestandes und schließlich die Straffung und Vereinfachung von Entscheidungsprozessen sowie die Verbesserung des Verwaltungsstils. Bei der Rechtsetzung gehe es beispielsweise nicht in erster Linie um weniger, sondern um besseres Recht. In diese Richtung spreche sich auch der Mandelkern-Bericht der OECD aus. Viele Probleme entstünden nicht im Verhältnis Bürger – Verwaltung, sondern seien interorganisatorischer Art wie z.B. Abstimmungsmängel und Verzögerungen zwischen verschiedenen Behörden. Hier kritisierte *Jann*, die Verwaltung pflege solche internen Schwierigkeiten immer noch „auszulagern".

Prof. Dr. *Hans-Ulrich Derlien*, Bamberg, wies darauf hin, dass „Bürokratie" ein semantisches Thema sei. Max Webers Bürokratietheorie sei jedenfalls als normativer Bezugsrahmen nach wie vor aktuell. *Derlien* stellte die Frage, welche ihrer Elemente wir denn für überholt hielten – die zentralen Merkmale seien Kernprinzipien des demokratischen Rechtsstaates und auch in der Zukunft unverzichtbar. Die Alternative sei eine „Audit-Gesellschaft", die niemand ernsthaft anstrebe.

Von anderer Seite wurde erklärt, dass die seit Jahrzehnten geführte Bürokratiediskussion bisher keine hinreichenden Veränderungen gebracht habe. Nötig sei weiterhin ein verstärkt ökonomisches Denken. Eine Lösung könne im E-Government liegen. Dr. *Gerd Heinrich Kemper*, Präsident des OVG Magdeburg a.D., wandte sich hingegen kritisch gegen die Vorstellung, man könne und müsse jede staatliche Leistung evaluieren. Für die Justiz sei dies unmöglich. Aber auch eine umfassende Rechtsfolgenabschätzung sei illusionär, da sie zeitlich oft nicht machbar und vielfach auch gar nicht gewollt sei. So wolle man bei der Aufgabenübertragung an Gemeinden die vorgeschriebene Kostenberechnung im Grunde gar nicht.

Prof. Dr. *Andreas Voßkuhle*, Freiburg, stellte die Frage, warum die Bürokratie eine so schlechte Presse habe. Möglicherweise liege das daran, dass die Ökonomie ihr Gegenspieler sei und diese über einen wirkmächtigeren PR-Apparat verfüge. Gegen Vorurteile und Klischees sei kein Kraut gewachsen, meinte sodann Prof. Dr. *Schuppert.* In seiner Antwort auf *Derlien* erklärte er, ihm schwebe keine Audit-Gesellschaft vor, sondern eine Vielfalt von Rechtsetzern. Es gebe nicht nur staatliches Recht, sondern einen sog. „legal pluralism“. Beispiele hierzu fänden sich insbesondere auf internationaler Ebene. Neue Phänomene seien z.B. „legislation on demand“ und “hardening of soft law”. Im Widerspruch zu der zitierten Diskussionsbemerkung wies *Schuppert* darauf hin, dass die Ökonomisierung des Verwaltungsbewusstseins sehr wohl eine neue Entwicklung bezeichne. Diese Aufgabenkritik führe aber zu keinen konkreten Ergebnissen. Vielmehr änderten sich nur die Tiefe und Intensität der Aufgabenwahrnehmung.

Auf die Skepsis gegenüber der Gesetzesfolgeneinschätzung eingehend, erklärte MD *Ernst Hüper*, diese werde in der Tat häufig gar nicht gewollt. So werde auch die bewährte Prüfinstanz Bundesrat nicht hinreichend genutzt. Viele an sich notwendige Prüfungen scheiterten an den politischen Kampfregeln. Es gebe keine Kultur der Kritik und kein Interesse an Transparenz.

Auf einen anderen Aspekt der Reformdiskussion wies Prof. Dr. *Thomas Groß*, Gießen, hin: Die rationale Fundierung mancher großer Verwaltungsreformansätze sei bisher nicht überzeugend gelungen, wie sich am Beispiel des geplanten Börsengangs der Bahn zeigen lasse. Als Fazit der bisherigen Äußerungen bemängelte Frau Prof. Dr. *Marga Pröhl*, Berlin, dass die positiven Vorschläge ausgeblieben seien. Frau Dr. *Gonod* habe dargestellt, dass in Frankreich mehr geschehe. LRH-Präsident a.D. *Dr. Eberhard Fricke*, Hilden, bezeichnete die Reform der Staatsfinanzen als wesentliche Aufgabe der aktuellen Politik. Sie werde sträflich vernachlässigt, daher müsse die Folgenabschätzung obligatorisch werden. Prof. Dr. *Burkhard Krems*, Fachhochschule des Bundes, Brühl, kritisierte schließlich die Vorstellung einer zentralen Steuerung und den Begriff des „Neuen Steuerungsmodells“. Man solle statt dessen nach dem Schweizer Vorbild von „wirkungsorientierter Verwaltungsführung“ sprechen.

Diskussionsbericht: *Prof. Dr. Hans Peter Bull*, Universität Hamburg

# Entbürokratisierung

*Prof. Dr. Hans-Ulrich Derlien, Bamberg*

Die seit langem währende Diskussion über die sog. Entbürokratisierung (*Heiner Geißler*, "Gesellschaft in Fesseln" 1978) entbehrt weitgehend eines historischen Bezuges, obwohl das Schlüsselwort "Bürokratie" zur Besinnung einlädt. Bürokratie war von Anfang an und in allen Sprachen ein Schimpfwort, da dieser Herrschaftstyp bei Aristoteles nicht vorkommt. Diese negative Einfärbung der Umgangssprache produzieret in Meinungsumfragen entsprechende Resultate. Fragt man hingegen – zum Beispiel - nach dem Vertrauen in die öffentliche Verwaltung (oder in den öffentlichen Dienst anstatt ins ebenfalls negativ besetzte Beamtentum) erzielt man positive Befunde. Nebenbei: das Vertrauen in exekutive Institutionen (und zuvörderst das Bundesverfassungsgericht) ist viel höher als in Parteien, Parlamente und Politik! Wir haben es grundsätzlich mit einem semantischen Problem zu tun, wenn wir von Entbürokratisierung reden; wir sollten das Wort schlicht vermeiden!

Denn im wissenschaftlichen Sinne müssten wir bei Max Webers Typus der Bürokratie und dessen Merkmalen ansetzen, die aber wohl kaum jemand "abbauen" möchte (diese ausgelutschte Bau-Metapher sollte man auch meiden).

- *Regelbindung* des Entscheidens bedeutet "Berechenbarkeit für den Herrn wie für den Beherrschten". Für die Produktion von Gesetzen und Verordnungen ist indes die Politik verantwortlich.
- *Kompetenzabgrenzung* nach Geschäftsverteilungsplan mit rechtlich begrenzten Zwangsmitteln zur Erfüllung der Aufgaben ist trotz Kompetenzbereinigung als Daueraufgabe letztlich nicht fortzudenken. Nur Betriebswirte können auf die Idee kommen, Richter nach Arbeitsanfall flexibel einzusetzen und damit die Institution des gesetzlichen Richters zu opfern.
- *Amtshierarchie abschaffen*, also die Unterordnung von Behörden unter eine Oberinstanz abschaffen? Auch Versuche, die öffentliche Verwaltung zu dekonzentrieren, lösen sich nie von diesem Prinzip, da zumindest die Rechtsaufsicht bei höheren Instanzen verbleibt.
- *Disziplin und Gehorsam* wird auch nach einer "Entbürokratisierung" weiter Bestandteil der Pflichten des Beschäftigten sein.
- *Schriftlichkeit* und *Aktenkundigkeit* von Entscheidungsprozessen einschränken? Dann entfallen Kontrollgrundlagen. Selbst bei e-government und dem (mittlerweile schon zu den Akten gelegten) "papierlosen Büro" bleiben Akten und damit die Schriftkenntnis erhalten.
- Die moderne Bürotätigkeit setzt eine *Fachschulung* voraus. Gegen Dilettanten im Amt wehrte man sich schon zu Webers Zeiten. Allenfalls in der Politik kann man "Liebhaberei" dulden.
- *Hauptamtlichkeit* durch Ehrenamtlichkeit ersetzen? Wohl kaum, allenfalls den Verfall der Kultur der Ehrenamtlichkeit aufhalten. Dass heute mehr als ein Viertel der Beschäftigten im öffentlichen Dienst nicht mehr vollzeitbeschäftigt ist, sondern lediglich teilzeitig arbeitet, ist keine Entwicklung, die von der Entbürokratisierungsdiskussion getragen

wird, sondern entspringt einer sozialpolitischen Weichenstellung in der Bundesrepublik speziell für berufstätige Frauen.
- Das Prinzip der Ernennung auf *Lebenszeit* ergänzt die Hauptamtlichkeit. Es soll den Beamten gegen Pressionen sichern und seine Unabhängigkeit und seine Bindung an Recht und Gesetz gewährleisten. Wer wollte daran rütteln? Allerdings hat *Hans Peter Bull* recht: es bedarf dazu letztlich nicht der speziellen Ramifikationen des deutschen Beamtentums, wenn die politische Kultur wie in England die des civil service die Unabhängigkeit garantiert.
- *Geldentlohnung* durch Naturalleistungen ersetzen, Dienstwohnungen und Deputate wieder einführen?
- Schließlich wird der im öffentlichen Dienst Beschäftigte nach *objektiven Kriterien ernannt.* Will man stattdessen mehr Wahlbeamte, gewählte Richter und Staatsanwälte wie in den USA? Und an Ämterkauf, Nepotismus und Patronage mit noch mehr Parteipolitisierung wird doch auch niemand ernstlich denken!

Sprechen wir also nicht mehr von Entbürokratisierung, sondern bezeichnen präzise, was wir meinen! Soll dereguliert werden, dann lassen Sie uns auch die Risiken nennen. Soll am Personal gespart werden, sollten wir darüber aufklären, dass jeder dritte öffentliche Bedienstete im Bildungssektor beschäftigt ist, dass also auch Schulklassen vergrößert werden müssten. Will und muss man sparen, dann sollten wir das sagen und auf die Folgen für die Aufgabenerfüllung hinweisen, aber nicht verschwommen von "Effizienzsteigerung" reden!

# Erfahrungen der Regulierungsbehörde

*Dr. Iris Henseler-Unger, Bonn*

## I. Regulierung und Markt

### 1. Das Verhältnis von Staat und Markt

Das Verhältnis von Staat und Markt hat in den letzten Jahrzehnten einen grundlegenden Wandel erfahren. In früheren Zeiten galten Staatsmonopole insbesondere in netzgebundenen Bereichen als einzig mögliche Form für Angebote an den Bürger. Der Staat wurde dem Markt bei der Daseinsvorsorge als überlegen angesehen, was in flächendeckenden Versorgungspflichten staatlicher Angebotsmonopole zum Ausdruck kam. Allgemein wurde zudem davon ausgegangen, dass es sich bei den Staatsmonopolen insbesondere in den Bereichen der Telekommunikation und Post um sog. natürliche Monopole handelt, die dem Wettbewerb nicht zugänglich sind. Dementsprechend wurde die Abwesenheit von Wettbewerb nicht nur nicht als notwendiges Übel, sondern als die ordnungspolitisch erwünschte und einzig mögliche Governance-Form angesehen.

Diese Einschätzung änderte sich Ende der 1970erJahre mit der Erkenntnis, dass Daseinsvorsorge und marktwirtschaftliche Lösungen kein Gegensatz sind, eine Liberalisierung positive Kräfte freisetzt und die Beschränkung der Anbieter auf zumeist staatliche Monopolunternehmen gravierende Probleme mit sich bringt. In Folge dieses Paradigmenwechsels kam es zur stufenweisen Überführung der Staatsmonopole in den Wettbewerb, die z. B. letztendlich auch zum Wegfall des Sprachtelefondienste- und Netzmonopols der Deutsche Telekom AG (DTAG) zum 01. Januar 1998 führte und zur schrittweisen Privatisierung.

### 2. Liberalisierung und Regulierung des Telekommunikationssektors

Mit der Öffnung der ehemaligen Staatsmonopole für den Wettbewerb verbinden sich umfangreiche Erwartungen. Dies gilt nicht zu letzt auch für die Liberalisierung des Telekommunikationssektors. Hier waren es folgende Ziele:

- Die Nachfrage nach Telekommunikationsdienstleistungen soll durch Kostensenkungen, Abbau von Quersubventionen und Steigerung der Qualität besser und effizienter als im Monopol befriedigt werden.
- Anreize für Investitionen und Innovationen sollen gesetzt werden.
- Wachstumspotenziale sollen ausgeschöpft werden.
- Die Versorgung mit Telekommunikationsdienstleistungen soll sichergestellt werden.

Zur Verwirklichung dieser Zielvorstelllungen – so zeigen insbesondere internationale Erfahrungen – war ein unkonditionierter Übergang in den freien Wettbewerb nicht ratsam. Stattdessen wurde zeitgleich mit Wegfall des Sprachtelefondienst- und Netzmonopols insbesondere der Alteinsasse, die DTAG, der Regulierung unterworfen und für diese Aufgabe etwa nach dem Vorbild der amerikanischen Federal Communications Commission (FCC) die Regulierungsbehörde für Telekommunikation und Post (Reg TP) errichtet.

Die Einführung der Regulierung erschien letztendlich nötig, da die Wettbewerbssituation zum Zeitpunkt der Marktöffnung am 01. Januar 1998 potenziellen Wettbewerber kaum ermöglicht hätte, in einem vollständig liberalen Wettbewerb gegenüber der DTAG zu bestehen. So besaß die DTAG am 01. Januar 1998 als dominanter Anbieter einen Marktanteil von nahezu 100 % bei sämtlichen wesentlichen Telekommunikationsdienstleistungen. Sie verfügte zudem als einziges Unternehmen in der Bundesrepublik Deutschland auf dem Telekommunikationsmarkt über ein flächendeckendes Telefonnetz mit fast 40 Mio. Kunden und über flächendeckende Netzinfrastrukturen für Mietleitungsangebote. Hieraus resultierten – und resultieren – nicht nur erhebliche Wettbewerbsvorteile der DTAG aufgrund von Economies of Scale und Sunk Costs. Auch ließ sich nicht ausschließen, dass neue Marktteilnehmer einer missbräuchlichen Ausnutzung von Marktmacht durch den dominanten Anbieter ausgesetzt sein würden.

In dieser Situation gelangte der Gesetzgeber zu der Ansicht, dass es sektorspezifischer Vorkehrungen, der Regulierung, bedarf, damit potenzielle Wettbewerber des Ex-Monopolisten gleiche Wettbewerbschancen haben. Das allgemeine Wettbewerbsrecht erschien demgegenüber als ungeeignet für die Aufgabe der Marktöffnung. Die Bestimmungen des GWB unterstellen die grundsätzliche Existenz eines funktionsfähigen Wettbewerbs und sehen verhaltenskontrollierende Eingriffe und Vorgaben nur im Fall von Missbräuchen einer marktbeherrschenden Stellung vor. Dementsprechend besteht in diesem Bereich lediglich eine Ex-post-Missbrauchsaufsicht. Gerade die Grundannahme eines funktionsfähigen Wettbewerbs trifft im Hinblick auf die Telekommunikationsmärkte jedoch nicht zu, so dass auch die Instrumente des GWB als nicht ausreichend anzusehen sind. Aus diesem Grund ist eine Öffnung von Monopolmärkten über das GWB kaum möglich. Es bedarf vielmehr darüber hinausgehender sektorspezifischer Regelungen mit weiterreichenden Instrumentarien, wie z. B. der Ex-ante-Entgeltgenehmigung.

## 3. Regulierung versus Bürokratieabbau?

Regulierung will in erster Linie ein „level-playing-field“ für alle Marktteilnehmer schaffen. Regulierung hat also zum Ziel, ein wettbewerbliches Umfeld zu bilden, in dem neue Marktteilnehmer mit dem Alteinsassen grundsätzlich „auf gleicher Augenhöhe“ konkurrieren können. In netzbasierten Industrien, wie der Telekommunikationsindustrie, regelt sie hierzu im wesentlichen Zugangsfragen zum Netz des Ex-Monopolisten, wozu auch die Aufsicht über die Zugangsentgelte zählt. Weitere Eckpfeiler der gegenwärtigen Regulierung sind die Regelung von Endkundenentgelten, z. B. um Dumping zu verhindern, und eine verhaltenskontrollierende Missbrauchsaufsicht.

Kein Regulierungsziel ist der Schutz der Wettbewerber vor Wettbewerb oder gar der Schutz einzelner Geschäftsmodelle. Marktaustritte und Insolvenzen sind als typische Wettbewerbsrisiken nicht auszuschließen. Auch hat die DTAG prinzipiell jedes Recht, auf Wettbewerb zu reagieren.

Für viele scheint die Liberalisierung der Märkte bei gleichzeitigem Aufbau einer Regulierung ein Widerspruch zu sein. Die Bürokratie sei nicht abgebaut, staatlicher Einfluss nicht zurückgeführt. Dieser Vorwurf erweist sich bei näherer Betrachtung als unzutreffend:

- Die Abschaffung der Staatsmonopole hat Wettbewerb erst ermöglicht. Unternehmen, die sich gegebenenfalls beklagen könnten, wären ohne die Regulierung – mit Ausnahme des Alteinsassen – nicht existent.

- Regulierung ist zudem keine allumfassende Aufsicht über die Telekommunikationsmärkte. Grundsätzlich werden nur Unternehmen reguliert, die über beträchtliche Marktmacht verfügen.

- Mit zunehmendem Wettbewerb wird Regulierung im Sinne einer präventiven Tätigkeit zurückgeführt. Als Beispiele hierfür kann die Liberalisierung des Endgerätemarktes ebenso angeführt werden, wie die Abschaffung der Lizenzpflicht für den Marktzutritt durch das neue TKG vom 22. Juni 2004[1].

Die Regulierung der Telekommunikationsmärkte ist also nicht Ersatz für das ehemalige Staatsmonopol, sondern konstitutive Voraussetzung für funktionsfähigen Wettbewerb in einem ehemals monopolistischen Markt. An die Stelle einer direkten unternehmerischen Staatsaktivität durch die Deutsche Bundespost bzw. die Deutsche Bundespost – TELEKOM ist das Setzen von rechtlichen Rahmenbedingungen für die wettbewerbliche Tätigkeit durch Private getreten.

## II. Liberalisierung: Erfolg oder Misserfolg?

Prüfstein für die Liberalisierung des ehemaligen staatlichen Sprachtelefondienst- und Netzmonopols kann nur die Entwicklung der Telekommunikationsmärkte seit der Marktöffnung sein. Hier lassen sich durchgehend positive Ergebnisse konstatieren.

Vergleicht man z. B. etwa die Endkundenpreise heute und im Jahr 1997 sind deutliche Preissenkungen sowohl bei Fern- als auch bei Auslandsverbindungen festzustellen. Während für ein nationales Ferngespräch am 31. Dezember 1997 noch umgerechnet 30, 7 Cent pro Minute zu zahlen waren, sind es heute weniger als 1 Cent pro Minute. Noch deutlicher ist die Entwicklung bei den Auslandsgesprächen. So ist heute ein Gespräch in die USA, um ein Beispiel herauszugreifen, für weniger als 1 Cent pro Minute möglich, während die Gebühr hierfür am 31. Dezember 1997 umgerechnet 73, 63 Cent

1 BGBl. I 2004, S. 1190 ff.

pro Minute betrug. Alle Preissenkungen zusammen betrachtet bedeuten für die Endkunden eine jährliche Entlastung von insgesamt 8, 5 Mrd. €.

Auch aus Sicht der Branche ist die Entwicklung äußerst positiv. Die Wettbewerber der DTAG beschäftigen heute über 50.000 Menschen, was dazu geführt hat, dass die Beschäftigtenzahlen insgesamt über die Jahre konstant geblieben sind. Die Umsätze der Telekommunikationsunternehmen wachsen konstant. Schließlich steigen die Wettbewerberanteile im Festnetz. Die Wettbewerbsunternehmen haben zwischenzeitlich nicht nur ca. 1, 6 Millionen Teilnehmeranschlussleitungen angemietet, sondern ihr Anteil an den insgesamt 342 Mrd. Festnetzverbindungsminuten in 2003 ist auch auf ca. 42 % gestiegen.

Betrachtet man die Entwicklung in der Telekommunikation lässt sich somit nicht zuletzt aufgrund der obigen Zahlen festhalten, dass die Liberalisierung als Erfolg gewertet werden darf.

## III. Regulierung – Quo vadis?

### 1. Der Telekommunikationsmarkt aus Sicht des Regulierungsbehörde

Entgegen den Erwartungen zum Zeitpunkt der Marktöffnung, wonach Regulierung allenfalls für wenige Jahre als erforderlich angesehen wurde, herrscht zum jetzigen Zeitpunkt noch kein funktionsfähiger Wettbewerb auf den Märkten für Telekommunikationsdienstleistungen. Die Regulierung hat für den Wettbewerb vielmehr noch eine ebenso hohe Bedeutung wie zur Zeit der Marktöffnung:

- Es existiert kein flächendeckender Wettbewerb. Dieser konzentriert sich vielmehr auf Regionen mit hoher Anschlussdichte.
- Die DTAG ist sowohl bei Vorleistungen als auch in Bezug auf die Endkunden in den allermeisten Märkten weiterhin der dominante Anbieter. So belief sich nach Erkenntnissen der Reg TP in 2003 beispielsweise der Marktanteil der DTAG an ISDN-Basisanschlüssen auf ca. 91 % und derjenige an Festnetzverbindungsminuten auf ca. 57, 6 %.
- Die Wettbewerber tun sich mit dem Erreichen der Gewinnschwelle generell schwer.

Vor diesem Hintergrund dürfte noch ein längerer Weg zurück zu legen sein, bis von einem strukturell abgesicherten Wettbewerb auf den Märkten der Telekommunikation gesprochen werden kann. Eine kurzfristige Ablösung der Regulierung ist also leider nicht zu erwarten.

## 2. Regulatorisches Umfeld

Regulierung findet in einem von widerstreitenden Interessen beherrschten Umfeld statt und nicht im „luftleeren Raum“. Je nach Interessenlage können unterschiedliche Ansprüche an und Erwartungshaltungen gegenüber der Regulierung festgestellt werden:

So besteht eine Nachfrage nach Regulierung. Sowohl der Alteinsasse als auch seine Wettbewerber suchen teilweise um Regulierungsentscheidungen nach, um jeweils für sich günstige Ergebnisse zu erzielen, ziehen im Einzelfall stabile Rahmenbedingungen durch Entscheidungen der Regulierungsbehörde der Unsicherheit über Marktergebnisse vor. Die Regulierungsbehörde selbst ist hier gefordert, sich nicht zu Gunsten einseitiger Marktverhältnisse instrumentalisieren zu lassen.

Auch die Politik hat Erwartungen an die sektorspezifische Marktaufsicht, wobei die Haltung je nach grundsätzlicher wirtschaftspolitischer Konzeption schwankt. So fordern einerseits diejenigen, die die Daseinsvorsorge in den Vordergrund stellen, ein mehr an Staat. Z. B. wird die Ausweitung des Universaldienstes auf weitere Bereiche, wie etwa DSL-Anschlüsse, diskutiert. Andererseits strebt eine industriepolitische Orientierung ein interventionistisches Handeln der Regulierung an. Schließlich stehen die Vertreter der Marktliberalität einer sektorspezifischen Marktaufsicht generell eher skeptisch gegenüber und zielen auf einen vollständigen Abbau der Regulierung.

Als weitere Interessengruppe im regulatorischen Umfeld treten natürlich die Endkunden beziehungsweise ihre verbandsmäßig organisierten Vertreter auf. Ihr Streben zielt letztlich auf niedrige Preise, hohe Qualität, Kundenschutz und Versorgungssicherheit.

Schließlich wird das regulatorische Umfeld nicht unerheblich von der Europäischen Union bestimmt, die über Richtlinien, Entscheidungen, Empfehlungen, Mitteilungen und Stellungnahmen wesentliche Eckpunkte für die Regulierung setzt. Dabei erscheint ihr Interesse sowohl durch Harmonisierungsbestrebungen als auch durch eigene Zielvorstellungen, beispielsweise im Bereich der Industriepolitik bestimmt. Insgesamt scheint ihre Rolle allerdings ambivalent. Es lässt sich zunehmend die Frage stellen, ob sie noch Motor der Liberalisierung ist oder statt dessen neue Bürokratien aufbaut:

- Einerseits gab und gibt die EU wesentliche Anstöße für die Öffnung von Märkten für den Wettbewerb, wie etwa auch die in letzter Zeit in der Diskussion befindliche Liberalisierung der Energiemärkte zeigt. Auch strebt die EU weiter und vermehrt an, gleiche wettbewerbliche Rahmenbedingungen in den Mitgliedstaaten herbeizuführen.

- Die Anstrengungen der EU führen andererseits zu einer erheblichen Zunahme des Regelungs- und Ordnungsgeflechts. Als Beispiel hierfür kann das europarechtlich vorgegebene und so in das geltende TKG übernommene neue Verfahren zur Marktregulierung genannt werden. Wie aus nachstehender Grafik deutlich wird, ist mit diesem Verfahren ein Nebeneinander beziehungsweise eine Überschneidung von nationalen und europäischen Zuständigkeiten eingeführt worden, womit ein erheblicher Abstimmungsbedarf zwischen den nationalen

Regulierungsbehörden und der Europäischen Union entstanden ist. Der Zeitraum bis zu einer Regulierungsentscheidung und damit des Eintritts von Rechtssicherheit für die Marktteilnehmer hat sich damit gegenüber dem Zustand nach dem vormaligen TKG aus dem Jahr 1996, das keine derartigen Abstimmungspflichten vorsah, erheblich nach hinten verschoben.

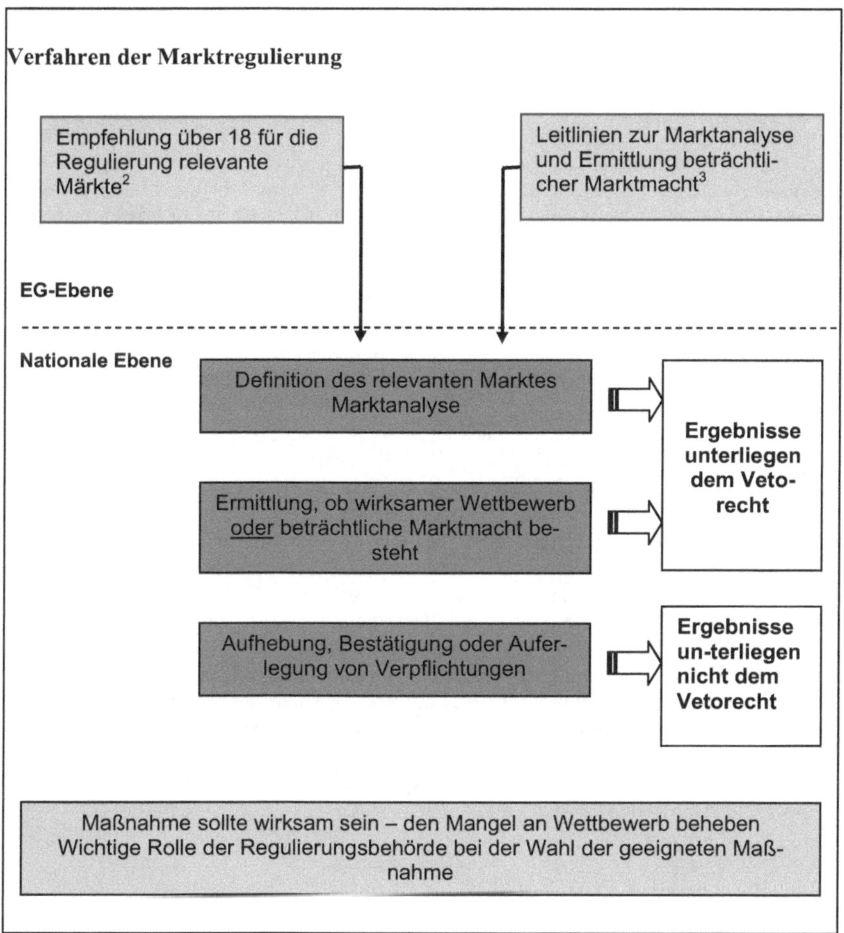


2 Empfehlung der Kommission vom 11. Februar 2003 über relevante Produkt- und Dienstmärkte des elektronischen Kommunikationssektors (2003/311/EG), ABl. EG Nr. L 114 vom 08. Mai 2003, S. 45 ff.

3 Leitlinien der Kommission zur Marktanalyse und Ermittlung beträchtlicher Marktmacht nach dem gemeinsamen Rechtsrahmen für elektronische Kommunikationsnetze und -dienst (2003/C 165/03), ABl. EG Nr. C 165 vom 11. Juli 2003, S. 6 ff.

## 3. Die mögliche Zukunft der Telekommunikationsregulierung

Unbeschadet des gegenwärtigen Standes stellt sich die Frage nach der Zukunft der Regulierung. Ordnungspolitisch wünschenswert und in der Konzeption des TKG angelegt ist die Ablösung der sektorspezifischen Regulierung mit der Realisation des funktionsfähigen Wettbewerbs im Markt. Danach sollte die allgemeine Missbrauchsaufsicht des Kartellamts über den Wettbewerb im Markt wachen. Ist Regulierung im Telekommunikationsbereich also nach heutiger Einschätzung ein Dauerzustand oder nur ein Übergangsphänomen? Eine eindeutige Antwort erscheint derzeit nur schwer möglich.

Für eine gleitende Ablösung der Regulierung spricht zum einen die Rückführung der Regulierung der Endkundenprodukte nach dem Konzept der EU und dem geltenden TKG. So ist an die Stelle der Ex-ante-Genehmigungspflicht der Endkundenentgelten marktbeherrschender Unternehmen nach dem $TKG^{1996}$ im Grundsatz eine Ex-post-Kontrolle der Endkundenentgelte von Unternehmen mit beträchtlicher Marktmacht getreten (vgl. § 39 TKG).

Andererseits bestehen aber auch erhebliche Indizien dafür, dass Regulierung sich zumindest teilweise zu einer Daueraufgabe entwickeln könnte. So verfolgt die Europäische Union eine strikte Regulierung der Vorleistungen4 und spricht sich hier insbesondere dafür aus, von einem Regulierungskonzept auszugehen, wonach „ein Netz gleich ein Markt“ darstellt5. Damit rücken z. B. auch alternative Teilnehmernetzbetreiber stärker in den Anwendungsbereich des TKG.

Schließlich ist ein zunehmendes Zusammenwachsen der Märkte feststellbar, wobei die Auswirkungen dieses Prozesses auf die Regulierung noch offen erscheinen. So könnte der Konvergenzprozess einerseits dazu führen, dass Regulierung obsolet wird. Beispielsweise ist denkbar, dass zukünftig nur ein Markt für Sprachtelefonie besteht, der Festnetz und Mobilfunk genauso umfasst wie die aufkommende Telefonie über das Internet und der aufgrund seiner breiteren Basis keiner sektorspezifischen Regulierung mehr bedarf. Auf der anderen Seite beinhalten die Konvergenzbestrebungen auch Anhaltspunkte dafür, dass Regulierung zu einem andauernden Zustand werden könnte. Mit der Konvergenz nicht nur von Technologien sondern auch von Diensten könnte etwa zugleich ein Bedürfnis nach komplexerer Regulierung entstehen. Zum Beispiel ist bei einem Zusammenwachsen von Telekommunikation, Medien und Inhalten nicht auszuschließen, dass eine gemeinsame Regulierung dieser heute noch regulatorisch getrennten Bereiche erforderlich werden könnte.

---

4 vgl. insbesondere Art. 8 bis 13 der Richtlinie 2002/19/EG des Europäischen Parlaments und des Rates vom 7. März 2003 über den Zugang zu elektronischen Kommunikationsnetzen und zugehörige Einrichtungen sowie deren Zusammenschaltung (Zugangsrichtlinie), ABl. EG Nr. L 108 vom 24. März 2004, S. 7 ff.

5 vgl. Ziffern 9 und 16 des Anhangs der Empfehlung der Kommission vom 11. Februar 2003 über relevante Produkt- und Dienstmärkte des elektronischen Kommunikationssektors (2003/311/EG), ABl. EG Nr. L 114 vom 08. Mai 2003, S. 48 f.

## IV. Reg TP - REGTP

Die Regulierungsbehörde für Telekommunikation und Post wird – so jedenfalls der Stand der derzeitigen Überlegungen – mit Inkrafttreten des novellierten Energiewirtschaftsgesetzes die Aufgabe zu übernehmen, auch die Energie- und Gasmärkte zu regulieren. Die Zukunft der Reg TP lautet daher REGTP („Regulierungsbehörde für Energie, Gas, Telekommunikation und Post").

In die REGTP, so zeichnet es sich jedenfalls ab, werden seitens der Politik und des Marktes ganz erhebliche Erwartungen gesetzt. Die Diskussion im Herbst über ein Einschreiten gegen angekündigte Erhöhungen der Gaspreise ist nur ein Beispiel hierfür. Die entscheidende Frage aus Sicht der REGTP ist daher, ob das im EnWG vorgesehene Instrumentarium ausreichen wird, um die Erwartungen zu erfüllen.

Eine Antwort wird erst mit dem EnWG gegeben werden können, das sich derzeit noch im Gesetzgebungsverfahren befindet. Kernfrage wird hier sein, inwieweit eine wirksame Anreizregulierung zur Stärkung der Effizienz geschaffen wird.

Die Reg TP hat begonnen, erste Vorbereitungen für die Übernahme der neuen Aufgaben zu treffen, um zeitgleich mit dem Inkrafttreten des novellierten EnWG ihre Arbeit im Bereich Energie und Gas aufnehmen zu können.

Ziel der Reg TP beziehungsweise REGTP ist es, die Regulierung in den neuen Gebieten ebenso erfolgreich zu gestalten, wie es im Telekommunikationsbereich der Fall ist. Viel Raum, um unangemessene Strukturen aufzubauen, wird es – ein Glück – für die Reg TP nicht geben. Die Anforderungen von Unternehmen und Verbrauchern, die Dynamik des Marktes und die hohe Innovationsgeschwindigkeit vor allem in der Telekommunikation werden die Reg TP weiterhin zwingen, flexibel und für die Betroffenen transparent und nachvollziehbar zu handeln.

# Erfahrungen des Kunden Deutsche Telekom

*Dr. Peter Heinacher, Bonn*

Das fast vergangene Jahr 2004 hat für die Telekommunikationsbranche eine wichtige Weichenstellung für die Zukunft gebracht. Das neue Telekommunikationsgesetz ist nach zähem Ringen um seine Inhalte und Ausgestaltung Ende Juni in Kraft getreten. Ein detailliertes Eingehen auf die neuen Regelungen ist an dieser Stelle entbehrlich, aber zwei grundsätzliche Bemerkungen zu diesem neuen Gesetz mögen die Einschätzung der Deutschen Telekom verdeutlichen:

Erstens: Die Regulierung wird insgesamt auf vergleichbarem Niveau bleiben und die Performance unseres Hauses weiter erheblich beeinflussen.

Zweitens: Die Regulierungsbehörde erhält im neuen TKG – den EU-Vorgaben folgend – mehr Handlungsspielräume, die sie zur Verschärfung, aber auch zum Abbau von Regulierung nutzen kann.

Aus diesen Feststellungen folgt insbesondere: Die Regulierungsbehörde hat nun eine noch größere Verantwortung als zuvor für die gesamte Telekommunikationsbranche - und für die Innovationen, die von dieser Branche ausgehen und sie zugleich treiben. Für unser Haus ist von besonderer Wichtigkeit, dass die Regulierungsbehörde die Auswirkungen ihrer Entscheidungen auf Innovationen und Investitionen in den Vordergrund rückt. Dazu ist sie nach § 2 des neuen TKG auch ausdrücklich verpflichtet.

Diese neue Komponente ist auch folgerichtig. Denn die ursprüngliche Zielsetzung des TKG und seines „Vollstreckers", der Regulierungsbehörde – die Auflösung des Staatsmonopols durch die Entwicklung von Wettbewerb – ist in vielen Bereichen bereits erreicht. Es erscheint absolut angemessen, dass es bei der Arbeit der Regulierungsbehörde künftig nicht nur darum gehen sollte, den Wettbewerb um seiner selbst willen zu fördern, sondern auch die Innovationskraft, die Investitionsfähigkeit und die Risikobereitschaft der Unternehmen zu stärken und dadurch letztlich Wirtschaft und Beschäftigung insgesamt anzukurbeln.

Dies wird aber nur durch einen Ordnungsrahmen und Regulierungsentscheidungen gewährleistet, der die strategische und unternehmerische Flexibilität nicht erstickt, sondern allen Marktteilnehmern "Luft zum Atmen" lässt.

Die europäischen Richtlinien geben klar und deutlich den Einstieg in den Ausstieg aus der Regulierung vor. Zum einen sieht das Richtlinienwerk eine regelmäßige, alle zwei Jahre stattfindende Überprüfung der Märkte vor, auf denen zukünftig überhaupt noch reguliert werden soll. Darüber hinaus gilt nach den EU-Richtlinien das Primat der Vorleistungsregulierung – d.h. derjenigen Produkte, die wir Wettbewerbern zur Verfügung stellen müssen. Die bisher ausgeübte Genehmigungspflicht von Preisen für Geschäfts- und Privatkundenprodukten sollte nur in absoluten Ausnahmefällen zur Anwendung kommen. Es bleibt abzuwarten, ob und inwieweit die Regulierungsbehörde diese Chance zum Abbau von Bürokratie und Reglementierung nutzen wird.

Zehn Jahre nach der Privatisierung der Deutschen Telekom und sechs Jahre nach der Liberalisierung hat die Deutsche Telekom in einer Reihe von Märkten gravierend Marktanteile verloren. Daraus sollte die Konsequenz gezogen werden, dass diese Märkte aus der Regulierung entlassen werden. Die durch das neue TKG erforderlichen Marktanalyseverfahren, in denen festgelegt wird, ob und inwieweit die Behörde regulierende Eingriffe vornehmen kann, werden im Laufe des ersten Halbjahres 2005 abgeschlossen. Es bleibt zu hoffen, dass die Regulierungsbehörde dem gesetzlichen Auftrag folgt und, in Anbetracht der wettbewerblichen Entwicklung der letzten Jahre, Endnutzerleistungen wie Anschlüsse und Verbindungen des Sprachtelefondienstes zukünftig nicht mehr der Genehmigungspflicht unterliegen. Erste Ansätze dafür gibt es bereits.

Eine gewisse Skepsis gegenüber der konkreten Ausgestaltung des neuen TKG in der Regulierungspraxis ist aber nicht zu verhehlen. Der weite Ermessensspielraum, den die Regulierungsbehörde nunmehr hat, kann positive Auswirkungen haben – wenn nämlich zugunsten der Marktkräfte auf staatliche Eingriffe verzichtet wird – aber auch negative Auswirkungen sind möglich.

Deshalb muss die Frage, wann Regulierung auf ein absolutes Minimum reduziert sein wird, erlaubt sein. Anders ausgedrückt: Gibt es seitens der Regulierungsbehörde eine Vorstellung, eine Vision von dem Telekommunikationsmarkt der Zukunft? Ist das Bild eines sich selbst regulierenden Marktes Teil dieser Vision? Oder wird auch noch in einigen Jahren Misstrauen gegenüber den Marktkräften vorherrschen?

Die Aufgabe eines modernen Staates und seiner Instanzen in einer Marktwirtschaft ist es sicher nicht, „unternehmerische“ Entscheidungen zu treffen. Der Staat oder staatliche Instanzen können auch nicht „der bessere Unternehmer“ sein. Staatliche Instanzen sind nicht einmal Teil des Marktes; sie können nur ein Korrekturinstrument sein, falls Fehlentwicklungen eintreten. Es ist auch nicht ersichtlich, warum eine Behörde – so kompetent sie auch sein mag – ein überlegenes Wissen über die Marktentwicklung haben sollte. Technologien und noch mehr die Marktverhältnisse verändern sich in der digitalen Welt schneller, als eine ex ante-Regulierung dies zu prognostizieren vermag.

Und noch ein Punkt erscheint in diesem Zusammenhang wichtig: Die Marktteilnehmer sind heute in der Lage, auch ohne Hilfe des Gesetzgebers oder der Regulierungsbehörde bei für die Branche wichtigen Problemfeldern Kompromisse einzugehen und zu einvernehmlichen Lösungen zu kommen. Dies hat die Diskussion um das neue TKG ganz klar bewiesen. An dieser Stelle wird auch deutlich, dass das aus den Anfängen der Liberalisierung überlieferte Schwarz-Weiß-Szenario – die Deutsche Telekom auf der einen, die Wettbewerber auf der anderen Seite – so nicht mehr stimmt. Auch das ist eine Realität, der sich die Regulierungspolitik zu stellen haben wird und die auch von Politik und Behörden als Signal verstanden werden sollte, dass der Markt zunehmend sich selbst überlassen werden kann.

Der Einfluss von Bürokratie und Regulierung auf das Geschäft der Deutschen Telekom lässt sich an Hand eines aktuellen Beispiels verdeutlichen. Im Nachgang zur Novellierung des TKG hat das Bundesministerium für Wirtschaft und Arbeit Entwürfe neuer Kundenschutz-, Nummerierungs- und Überwachungsverordnungen vorgelegt. Die Verordnungen enthalten Vorgaben zum Verbraucherschutz und zur Überwachung, die weit über die in der EU-Universaldienstrichtlinie und im neuen TKG vorgegebenen Ziele hinausschießen und mit großer Sicherheit zu einer neuen Bürokratiewelle führen werden.

Dies möge der folgende Aspekt exemplarisch verdeutlichen: Während das in den EU-Richtlinien vorgesehene neue Verbraucherschutzrecht einen Grundschutz des Verbrauchers im Sinne von Mindestanforderungen an den TK-Anbieter vorsieht, schreiben die vorgelegten Verordnungsentwürfe zum Verbraucherschutz einen Schutz auf höchstem Niveau vor, beispielsweise bei der Abrechnungsgenauigkeit oder für Fehlerbehebungszeiten. Ob jemand wohl auf die Idee käme, z.B. der Autoindustrie vorzuschreiben, beim Vertrag über den Kauf eines Fahrzeugs bestimmte Reparaturzeiten vertraglich zu garantieren? Dieses Szenario ist kaum vorstellbar, und es wäre auch absurd. Jeder Anbieter – egal in welcher Branche – sollte ein veritables Eigeninteresse an einer schnellen Fehlerbehebung haben. Es versteht sich doch von selbst, dass der Kunde nur den Anbieter wählt, der etwaige Fehler schnell behebt.

Mit dem Übermaß an Reglementierungen stehen die jetzigen Vorlagen im Widerspruch zu dem erklärten Ziel der Bundesregierung, unnötige Regulierung und Bürokratie abzubauen. Auch deshalb lehnt nicht nur die Deutsche Telekom, sondern vielmehr die gesamte Telekommunikationsbranche die Entwürfe in zentralen Punkten ab und plädiert für eine grundlegende Überarbeitung.

Es sollte in diesem Zusammenhang auch nicht übersehen werden, dass auf europäischer Ebene derzeit die Themen „bessere Rechtsetzung“ und Bürokratieabbau eine große Rolle spielen. Die geplante Gesetzesfolgenabschätzung für neue europäische Gesetzesinitiativen könnte ein Vorbild für ähnliche Initiativen auf der nationalen Ebene sein. Mit ihrer Hilfe könnte es gelingen, sicherzustellen, dass neue Regelungen tatsächlich notwendig, fair und bezahlbar, leicht zu administrieren und von den Betroffenen auch leicht umzusetzen sind.

Ohne Zweifel ist die künftige Entwicklung des deutschen Telekommunikationsmarktes noch mit vielen Fragezeichen behaftet. Dies ist vor allem deshalb bedauerlich, weil berechenbare Rahmenbedingungen die Grundlage für Innovationen und Investitionen der Unternehmen und damit für die notwendige Aufbruchstimmung auf dem deutschen Telekommunikationsmarkt sind. Es bleibt aber zu hoffen, dass mit dem neuen TKG auch ein neues Kapitel in der Geschichte der Regulierung des Telekommunikationsmarktes in Deutschland aufgeschlagen wurde.

Unser Wunschtitel für dieses Kapitel? „Mehr Markt und weniger Staat“.

## Diskussion zu den Vorträgen von Dr. Henseler-Unger und Dr. Heinacher

*Leitung: Dr. Rudolf Dieckmann, Hamburg*

Einleitend führte der Diskussionsleiter an, dass der Vergleich zwischen alten und neuen Formen von Bürokratie offensichtlich nicht weiter führe. Die „neue Bürokratisierung", die zu ähnlich großem Personalaufwand führe wie die frühere staatliche Aufsicht, geschehe zu einem guten Zweck und sei unvermeidbar.

In einem von ihm selbst als „kulturkritisch" bezeichneten Beitrag wandte sich demgegenüber Prof. Dr. *Franz Thedieck*, Kehl, gegen eine Politik, die den Trend zu immer intensiverer technischer Kommunikation noch fördere und damit Veränderungen des Alltagslebens – insbesondere bei jungen Menschen – beschleunige, die keineswegs nur positiv bewertet werden könnten.

Prof. Dr. *Hans Peter Bull*, Hamburg, knüpfte zustimmend an die Bemerkung von Frau Dr. *Iris Henseler-Unger* an, dass die Regulierungsbehörde eigentlich das Ziel verfolgen müsse, sich selbst überflüssig zu machen und die verbleibenden Aufgaben an das Bundeskartellamt abzugeben, erkannte aber auch an, dass der Zeitpunkt dafür noch nicht gekommen sei. Organisationen seien sehr stabil; so habe man auch bei der Einrichtung der Datenschutzbeauftragten meinen können, es bedürfe eines Tages keiner besonderen Behörde mehr, um die Beachtung des Datenschutzrechts zu gewährleisten. Die Datenschutzkontrollinstanzen bestünden aber nach wie vor.

Gegenüber der Kritik an der hohen Mitarbeiterzahl der Regulierungsbehörde stellte Dr. *Peter Heinacher* fest, ihn interessiere nicht die Quantität, sondern die Qualität der RegTP-Mitarbeiter. Diese sei in der Tat sehr hoch. Dr. *Rudolf Dieckmann* zog aus der Diskussion den Schluss, dass der Bürokratieabbau in das neue System bereits „eingebaut" sei.

Diskussionsbericht: *Prof. Dr. Hans Peter Bull*, Universität Hamburg

# Die Kommunalwirtschaft als Adressat von Regulierung

*Prof. Dr. Martin Burgi, Bochum*

*Während sich die bisherigen Referate im Wesentlichen auf einen Fachsektor (Telekommunikation, Energie etc.) mit einem oder mehreren speziell darauf konzentrierten Fachgesetz(en), mit Fachregulierungsbehörden und innerhalb einer durchaus überschaubaren Unternehmenslandschaft auseinandergesetzt haben, geht es nunmehr um einen Bereich, der von außerordentlicher Vielfalt und Unübersichtlichkeit geprägt ist. Dies dürfte auch der Grund dafür sein, dass die Herausforderungen und Lösungskonzepte im Umgang mit der Kommunalwirtschaft zumeist gar nicht unter dem Stichwort „Regulierung" diskutiert werden.*[1] *Hier sind auf der Ebene von Hunderten von Kommunen die verschiedensten Fachsektoren betroffen, es gibt kein ambitioniertes einzelnes Fachgesetz und keine zentrale Regulierungsinstanz. Ziel der folgenden Überlegungen ist es daher, einen Überblick über den Problemstand zu geben sowie die Rechtsprobleme der Kommunalwirtschaft in den größeren Zusammenhang der allgemeinen Regulierungsdebatte zu stellen.*

## I. Regulierung und Kommunalwirtschaft

### 1. Regulierung

Der Begriff „Regulierung" bezeichnet eine außerordentlich schillernde Kategorie. Nach vorherrschender Einschätzung handelt es sich um eine spezifische Erscheinungsform der Wahrnehmung staatlicher Verantwortung für den Bereich der Wirtschaft, die jedenfalls qualitativ deutlich von der herkömmlichen Wirtschaftsaufsicht (im Sinne der Überwachung der Sicherheit und Ordnung des Wirtschaftslebens) hinausgeht.[2] Im Anschluss an *Eberhard Schmidt-Aßmann* wird vorliegend „Regulierung" zunächst funktionell charakterisiert als Beeinflussung des marktstrategischen Verhaltens von Wirtschaftsunternehmen im Interesse des Gemeinwohls. Final betrachtet, d.h. von den verschiedenen Gemeinwohlbelangen her denkend, geht es um die Sicherstellung von Wettbewerb, Versorgungssicherheit und ggf. weiteren Gemeinwohlbelangen (v.a. ökologische bzw. soziale Belange). Das Konzept der Regulierung entstammt ursprünglich dem amerikanischen Recht, wo es als hoheitliche Aufsicht über private Monopolstrukturen der „regulated industries" über eine lange Tradition verfügt.[3] In Deutschland ist das

1 Eine Ausnahme bildet der Beitrag von *Gabriele Britz*, „Kommunale Gewährleistungsverantwortung" – Ein allgemeines Element des Regulierungsrechts in Europa?, Die Verwaltung 37 (2004), S. 145 ff.

2 Zur Begrifflichkeit vgl. aus jüngerer Zeit *Johannes Masing*, Grundstrukturen eines Regulierungsverwaltungsrechts, Die Verwaltung 36 (2003), S. 1 ff.; *Thomas von Danwitz*, Was ist eigentlich Regulierung?, DÖV 2004, S. 977 ff.

3 Ausführlich dargestellt bei *Johannes Masing*, Die US-amerikanische Tradition der regulated industries und die Herausbildung eines europäischen Regulierungsverwaltungsrechts, AöR 128 (2003), S. 558 ff.

Regulierungsmuster im wesentlichen in den Infrastrukturbereichen von Telekommunikation, Post und, neuerdings, Energie, entfaltet worden. Diese und zahlreiche weitere Bereiche der Bereitstellung moderner Infrastruktur (vgl. sogleich 2) sind durch das Vorhandensein bislang monopolistisch bzw. oligopolistisch geprägter Märkte gekennzeichnet. Im Zuge der Liberalisierung dieser Märkte nehmen zunehmend private Wirtschaftsunternehmen Aufgaben wahr, deren Erfüllung bislang unmittelbar durch den Staat selbst sichergestellt worden ist. Die Regulierung soll bewirken, dass der Staat seiner Verantwortung für die „Gewährleistung" des Gemeinwohls auch unter veränderten strukturellen Bedingungen weiterhin Sorge tragen kann.[4]

Regulierungssubjekte in den hier einschlägigen Aufgabenfeldern sind die EU, der Bund und das für die jeweilige Kommune und die Kommunalwirtschaft zuständige Bundesland. Die Regulierungsverantwortung ist mithin von vornherein unter mehreren Trägern aufgeteilt. Die Kommunen, welche im Verhältnis zur Privatwirtschaft durchaus auch als Subjektive der Regulierung auftreten können (z.B. bei der Zurverfügungstellung von Wegen für die Verlegung von Telekommunikationsleitungen etc.) sind durch das hier vorgegebene Thema ausschließlich in ihrer (freilich auch spannenderen) Rolle als Adressaten von andernorts verantworteter Regulierung angesprochen. Dabei wird sich sogleich zeigen, dass die Adressatenschaft eine gespaltene ist, weil nämlich danach differenziert werden muss, ob die jeweilige Kommune oder das von ihr getragene kommunalwirtschaftliche Unternehmen Adressat von Regulierungsmaßnahmen ist.

## 2. Kommunalwirtschaft

Das Aufgabenspektrum der Kommunalwirtschaft, d.h. diejenigen Felder, in denen kommunale Unternehmen mit großen Marktanteilen vertreten sind bzw. den Markt beherrschen, lautet: Abwasserentsorgung, Trinkwasserversorgung, Hausmüllentsorgung, öffentlicher Personennahverkehr mit Bussen, Endverbraucherversorgung mit Strom, soziale und kulturelle Dienstleistungen (Bibliotheken, Musikschulen, Theater etc.).[5] In aller Regel erbringt eine Kommune die betreffenden Dienstleistungen nicht unmittelbar, d.h. mit ihren Behörden, sondern sie gründet zu diesem Zweck ein öffentliches Unternehmen. Charakteristisch für das deutsche System über Jahrzehnte hinweg ist gerade der Einsatz öffentlicher Unternehmen als Modus der Übernahme von Erfüllungsverantwortung durch die Kommunen. Mit jenen Unternehmen werden die mit dem heuristischen Begriff der „Daseinsvorsorge" umschriebenen Leistungen „zur Befriedigung der Bedürfnisse für eine dem jeweiligen Lebensstandard entsprechende Lebensführung" erbracht.[6] In Anlehnung an die Begriffsbestimmung des EuGH ist als öffentliches Un-

4 Zum Zusammenhang zwischen „Gewährleistung" und „Regulierung" vgl. *Claudio Franzius*, Der „Gewährleistungsstaat" – ein neues Leitbild für den sich wandelnden Staat?, Der Staat 42 (2003), S. 493 ff.

5 Zahlenmaterial und Fallbeispiele aus der Praxis finden sich bei Ulrich Cronauge/Georg Westermann (Hrsg.), Kommunale Unternehmen, 4. Aufl. 2003, S. 190 ff.

6 Zum aktuellen Begriffsinhalt in Anlehnung und Fortführung von *Ernst Forsthoff* (bilanzierend: Verwaltungsrecht I, 10. Aufl. 1973, S. 370) nur *Johannes Hellermann*, Örtliche Daseinsvorsorge und gemeindliche Selbstverwaltung, 2000, S. 1 f.; *Johann-Christian Pielow*, Strukturen öffentlicher Versorgung, 2001, S. 18 f., 353 ff.

ternehmen zu verstehen „jede eine wirtschaftliche Tätigkeit ausübende Einheit“, unter Ausgrenzung der hoheitlich handelnden Einheiten, bei denen der Austausch von erbrachter Dienstleistung und u.U. finanzieller Gegenleistung allenfalls eine Äußerlichkeit bildet.[7] „Öffentlich“ sind diese Einheiten unter Zugrundelegung der EG-Transparenzrichtlinie 80/723/EWG[8] dann, wenn die „öffentliche Hand ... aufgrund Eigentums, finanzieller Beteiligung, Satzung oder sonstiger Bestimmungen, die die Tätigkeit des Unternehmens regeln, unmittelbar oder mittelbar einen beherrschenden Einfluss ausüben kann“ (Art. 2 Abs. 1 lit. b).

Die Kommunalwirtschaft ist in den vergangenen Jahren nicht durch einzelne, konkrete Liberalisierungsvorhaben (wie etwa die staatlichen Anbieter in den Bereichen Telekommunikation, Post und Energie) unter Druck geraten. Vielmehr ist sie einer schleichenden Veränderung der Rahmenbedingungen in wirtschaftlicher und rechtlicher Hinsicht ausgesetzt. Namentlich das europäische Gemeinschaftsrecht hat einen dynamischen Prozess der Stimulierung wirtschaftlicher Aktivitäten in Gang gesetzt, durch den bestehende Märkte geöffnet, neue Märkte erschlossen und ganz allgemein Grenzen ü aberwunden worden sind. In der Summe von wachsender Konkurrenz auf teilweise wachsenden Märkten einerseits, dem wieder erwachten Interesse der Kommunen als Unternehmensträger an ihrem eigenen Unternehmen als Instrument politischer Steuerung und Einnahmeerzielung andererseits, ist es zu einer strategischen Neuorientierung gekommen. Dabei ist insbesondere das europäische Primärrecht wirkmächtig gewesen, welches die kommunalen Unternehmen und ihre Träger im Interesse der Gleichbehandlung mit den privatwirtschaftlichen Unternehmen den Spielregeln von Binnenmarkt und „offenem Wettbewerb“ (vgl. Art. 4 Abs. 1 EG) unterwirft (vgl. Art. 86 Abs. 1 u. 2 EG).

## II. Gestufte Regulierung

Hinsichtlich der Adressatenstellung der Kommunalwirtschaft ist zu differenzieren zwischen der jeweiligen Kommune selbst und dem von ihr getragenen öffentlichen Unternehmen:

### 1. Das kommunale Unternehmen als unmittelbarer Regulierungsadressat

Die kommunalen Unternehmen selbst sind ohne weiteres Adressaten derjenigen Regulierungsmaßnahmen, die sich an alle Unternehmen im jeweiligen Fachsektor richten. Ist ein kommunales Unternehmen beispielsweise als Unternehmer im Bereich der Telekommunikation aktiv, so ist es ebenso dem Telekommunikationsgesetz unterworfen wie die dort agierenden privatwirtschaftlichen Unternehmen. Das gleiche gilt für den Ener-

---

7 Nachweis der umfangreichen EuGH-Rechtsprechung bei *Martin Burgi*, Verwalten durch öffentliche Unternehmen, VerwArch 93 (2002), S. 255 (256 ff.). Zu Begriff und Rechtsproblematik kommunaler Unternehmen vgl. aus neuerer Zeit *Stefan Storr*, Der Staat als Unternehmer, 2001; *Werner Hoppe/Michael Uechtritz* (Hrsg.), Handbuch kommunale Unternehmen, 2004; *Gabriele Wurzel/Alexander Schraml/Ralph Becker* (Hrsg.), Rechtspraxis der kommunalen Unternehmen, 2005.

8 Vom 25. Juni 1980 (ABl. EG Nr. L 195/35), zuletzt geändert durch Richtlinie 2000/52/EG vom 26. Juli 2000 (ABl. EG Nr. L 193/75).

giesektor, wo die kommunalen Stadtwerke ebenso wie die privatwirtschaftlichen Energieunternehmen die Anforderungen des künftigen Energiewirtschaftsgesetzes (EnWG) zu beachten haben werden. Darüber hinaus sind die kommunalen öffentlichen Unternehmen aber noch mit Regulierungsmaßnahmen aus einer anderen Ecke konfrontiert, nämlich mit Maßnahmen ihres eigenen Trägers. Je nachdem, ob ein öffentliches Unternehmen in den Rechtsformen des Privatrechts oder in den Rechtsformen des Öffentlichen Rechts verfasst ist, bestehen zwischen ihm und der jeweiligen Trägerkommune gesellschafts- bzw. verwaltungsorganisationsrechtliche Beziehungen. Über die Gesellschafts- bzw. Anstaltssatzung werden die Zwecke, zu deren Erfüllung das öffentliche Unternehmen gegründet ist und die es im Alltag seiner Betätigung erfüllen soll, festgelegt und dort findet sich auch die Basis für Regulierungsmaßnahmen im Alltag der unternehmerischen Betätigung. Diese binnenorganisatorischen Regulierungsaspekte können nachfolgend freilich nicht vertieft werden.

### 2. Das kommunale Unternehmen als mittelbarer Regulierungsadressat

Versteht man, wie eingangs dargelegt, Regulierung als konzeptionelle Beeinflussung des marktstrategischen Verhaltens von Unternehmen, dann kommen die wichtigen und zentralen Regulierungsimpulse für die Kommunalwirtschaft nicht von dem jeweiligen kommunalen Träger, sondern von der EU, dem Bund und dem jeweiligen Land, dem die Trägerkommune zuzurechnen ist. Wie sogleich zu zeigen sein wird, werden die Kommunen in ihrer Eigenschaft als Verwaltungs- bzw. Unternehmensträger in breitem Umfang durch europäische und landesgesetzliche Vorgaben bei der Erbringung von Dienstleistungen reguliert. Um den entsprechenden Anforderungen gerecht werden zu können, müssen die Kommunen im Innenverhältnis zu ihren Unternehmen auf den zu II 1 geschilderten Wirkpfaden die Regulierungsvorgaben umsetzen. Wie nun sieht das Regulierungskonzept des auf nationaler Ebene primär zuständigen Landesgesetzgebers aus (III) und wie das europäische Regulierungskonzept für die Kommunalwirtschaft (IV)?

## III. Das Regulierungskonzept auf nationaler (landesgesetzlicher) Ebene

Nach dem Verständnis des kommunalen Wirtschaftsrechts (auf der Grundlage des Grundgesetzes) ist das Tätigwerden kommunaler öffentlicher Unternehmen eine Erscheinungsform der Erfüllung von Staatsaufgaben, d.h. eine Kompetenzausübung. Die Kommunen werden durch die einschlägigen Landesgesetze angesprochen als Inhaber der Erfüllungsverantwortung, d.h. als Erbringer der fraglichen Dienstleistungen. Der Einsatz öffentlicher Unternehmen ist ein Instrument zur Verwirklichung bestimmter öffentlicher Zwecke. Hierbei ist zu unterscheiden zwischen den jeweiligen Sachzielen einer erfolgreichen, sozialen, ökologischen etc. Leistungserbringung und dem Formalziel der hierbei möglichen Gewinnerzielung. Hingegen werden die Kommunen nicht gesehen als Einheiten, die eine Verantwortung für das Geschehen auf den jeweiligen Märkten trügen. Überhaupt geht es den Gemeindeordnungen nicht darum, dass die betreffenden Dienstleistungen erbracht werden, sondern darum, welche Vorgaben die Kommunen als Erbringer von Dienstleistungen vermittels ihrer eigenen öffentlichen

Unternehmen zu beachten haben. Die Kommunen werden also nicht als Besteller von Leistungen, sondern als deren Erbringer gesehen. In dieser Eigenschaft werden sie reguliert, mit dem Ziel, den verfassungsrechtlichen Anforderungen entsprechen zu können.[9]
In der jeweiligen Landes-Kommunalordnung sind vor diesem Hintergrund mehrere Hürden aufgestellt. Konkret ist ein öffentlicher Zweck erforderlich, darf eine kommunalwirtschaftliche Betätigung die Grenze der kommunalen Leistungsfähigkeit nicht überschreiten und findet sich regelmäßig eine Subsidiaritätsklausel (vgl. z.B. § 107 Abs. 1 Gemeindeordnung NRW). Hierdurch werden mittelbar die privaten Wettbewerber geschützt; neuerdings wird von der Verwaltungsgerichtsbarkeit anerkannt, dass die Einhaltung der fraglichen Bestimmungen von privaten Wettbewerbern eingeklagt werden kann.[10]
Im deutschen Recht ist mithin die kommunale unternehmerische Handlungsrationalität als etwas von der privatunternehmerischen Handlungsrationalität grundsätzlich Verschiedenes konstituiert. Die Spielräume für den Einsatz des Steuerungsmediums „Öffentliches Unternehmen" auf der Ebene des nationalen Rechts sind auf der kommunalen Ebene nicht unerheblich beschränkt, während Rahmenbedingungen und Fortbestand der einmal getroffenen Systementscheidung eher schwach determiniert sind. Was entsteht, ist ein typisch deutsches Produkt: Es ist ganzheitlich, schwer erklärbar und kaum einer partikularen Nutzen-Kosten-Analyse zugänglich. Dass ein Bus jeden Abend mit nur einem Insassen auch in den entferntesten Ortsteil fährt, beruht darauf, dass die Kommune als Träger des Nahverkehrsdienstes sich politisch dafür entschieden hat, eine entsprechende Leistung anzubieten und sie innerhalb eines Verbundes unternehmerischer Leistungen auf Stadtwerksebene „quer" zu subventionieren.

## IV. Das europäische Regulierungskonzept

Das Europarecht verpflichtet weder zur Verfolgung eines öffentlichen Zwecks noch enthält es eine Subsidiaritätsklausel. Es steht auch einer überörtlichen Wettbewerbsteilnahme kommunaler Unternehmen nicht entgegen. Die EG-Kommission beschreibt dies zutreffend mit den Termini „Neutralität und Gestaltungsfreiheit".[11]
Allerdings erfassen das Europarecht und die mit seiner Auslegung und Anwendung beschäftigten europäischen Organe die kommunalunternehmerische Betätigung aus einer ganz anderen Perspektive. Diese Perspektive ist nicht träger-, sondern aufgabenbezogen. Aus der Sicht des europäischen Gemeinschaftsrechts ist es gleichgültig, wer die betreffenden Dienstleistungen erbringt, entscheidend ist, dass sie erfolgreich und gemeinverträglich erbracht werden. Dies ergibt sich daraus, dass der EG-Vertrag sich (im Gegensatz zu den deutschen Kommunalordnungen) nicht spezifisch mit der staats- bzw. kommunalunternehmerischen Betätigung, sondern, allgemeiner, mit der Verwirklichung von Grundfreiheiten und einer „offenen Marktwirtschaft mit freiem Wettbewerb" (vgl.

---

9 Diese Zusammenhänge sind bündig und mit zahlreichen Nachweisen dargestellt bei *Burgi*, VerwArch 93 (2002), Fn. 7, S. 260 ff.

10 Vgl. nur *VerfGH Rh.-Pf.*, DVBl. 2000, S. 992; *OVG Münster*, NWVBl. 2003, S. 462.

11 Mitteilung der Kommission zu Leistungen der Daseinsvorsorge in Europa vom 20. September 2000 (KOM [2000] 580 endg.), Ziffer 20 ff.; ebenso Grünbuch zu Dienstleistungen von allgemeinem Interesse vom 21. Mai 2003 (KOM [2003]) 270 endg., Ziffer 29 (Fn. 12).

Art. 4 Abs. 1 EG) befasst. Aus dieser Perspektive sind die öffentlichen und die privatwirtschaftlichen Unternehmen im Wettbewerb grundsätzlich gleich zu behandeln und die das nationale Recht kennzeichnende Dichotomie besteht im Gemeinschaftsrecht von vornherein nicht. Zur Gleichbehandlung verpflichtet sind die Mitgliedstaaten (durch Art. 86 Abs. 1 EG) und unmittelbar gleichgestellt werden die Unternehmen selbst (durch Art. 86 Abs. 2 EG). Damit gelten die kartellrechtlichen Regeln der Art. 81 und 82 EG sowie die Beihilfevorschriften der Art. 87 und 88 EG. Dieses Anliegen der Gleichbehandlung wird konsequent umgesetzt und steht letztlich auch hinter Regelungen, die auf den ersten Blick eine Schlechterstellung der öffentlichen Unternehmen bewirken, wie das Vergaberecht oder das Beihilferecht, durch das finanzielle Transfers der Mitgliedstaaten am Unternehmen streng reglementiert werden. In der Summe wirkt sich all dies als Kompetenzausübungsschranke aus, über deren Einhaltung Kommission und Gerichtshof mit oft schwer vorhersehbaren Aktionen wachen. Objekt dieser kontinuierlich zu beachtenden Schranken sind die Rahmenbedingungen der Verwirklichung öffentlicher Zwecke. Allerdings sieht das Europarecht unter bestimmten Voraussetzungen vor, dass eine bestimmte wettbewerbliche Maßstabsnorm unbeachtlich sein, die Kompetenzausübungsschranke also übersprungen werden kann. Die Voraussetzungen hierfür sind in Art. 86 Abs. 2 EG normiert, der vorsieht, dass die fragliche Kompetenzausübungsschranke dann überwunden werden kann, wenn sie die Verwirklichung des jeweiligen öffentlichen Zwecks „rechtlich oder tatsächlich verhindern würde“, allerdings nur zugunsten von „Dienstleistungen von allgemeinem wirtschaftlichem Interesse“. Als Umgang mit diesen Vorgaben ist Art. 16 EG zu beachten, wonach (freilich) „unbeschadet der Art. 73, 86 und 87 und in Anbetracht des Stellenwerts, den Dienste von allgemeinem wirtschaftlichem Interesse innerhalb der gemeinsamen Werte der Union einnehmen ... die Gemeinschaft und die Mitgliedstaaten im Rahmen ihrer jeweiligen Befugnisse im Anwendungsbereich dieses Vertrags dafür Sorge (tragen), dass die Grundsätze und Bedingungen für das Funktionieren dieser Dienste so gestaltet sind, dass sie ihren Aufgaben nachkommen können“. Hierzu gibt es eine mittlerweile sehr lang gewordene Rechtsprechungslinie des EuGH, die in der Mitteilung der Kommission „zu Leisungen der Daseinsvorsorge in Europa“[12] nachgewiesen ist.

Aus der hier interessierenden Regulierungs-Perspektive ist auf drei Entwicklungslinien aufmerksam zu machen, die bewirken, dass die Kommune durch das Gemeinschaftsrecht nicht nur in der bereits geschilderten Weise als Unternehmensträger (d.h. als Adressaten von Regulierung) gesehen werden, sondern überdies als Regulierer. Als solche werden sie verantwortlich gemacht für einen fairen Wettbewerb und eine erfolgreiche Leistungserbringung. So heißt es explizit bei Rz. 23 des Grünbuchs,[13] dass sich „die Art und Weise, in der die staatlichen Stellen ihren Verpflichtungen gegenüber dem Bürger nachkommen“, geändert habe. Die Rolle der staatlichen Behörden auf dem Gebiet der Dienstleistungen von allgemeinem Interesse werden den jeweiligen Bedingungen ständig angepasst. Während Dienstleistungen in Europa traditionell von den Behörden selbst erbracht worden seien, beauftragten sie „heutzutage zunehmend öffentliche oder private Unternehmen bzw. öffentlich-private Partnerschaften mit der Leistungserbringung ... und beschränk(t)en die eigene Rolle auf die Festlegung öffentlicher Zielvorga-

12 Vgl. Fn. 11 bei Ziffern 22 ff.

13 Vgl. Fn. 11.

ben sowie die Überwachung, Regulierung und ggf. Finanzierung der Leistungen." Die Kommune rückt so in die Rolle des Bestellers der Dienstleistungen, ihr eigenes kommunales Unternehmen erscheint als ein Anbieter unter mehreren.

Dieser Wandel ist europarechtlich zum einen durch den kontinuierlichen Ausbau des Vergaberechts bewirkt worden. Indem nicht nur die Beauftragung eines externen, d.h. privatwirtschaftlichen Unternehmens durch eine Kommune (im Wege der sog. Verwaltungshilfe), sondern auch die Beauftragung eines gemischt-wirtschaftlich, d.h. mehrheitlich unverändert von der Kommune beherrschten Unternehmens[14] und neuerdings u.U. sogar die kommunale Zusammenarbeit von Unternehmen[15] in den Anwendungsbereich des europäischen Sekundär-Vergaberechts gezogen werden, werden immer mehr Leistungsbeziehungen nach dem Prinzip der Bestellung durch den kommunalen „principal" bei einem (privaten) „agent" konstruierbar. In der Tendenz dieser Entwicklung liegt es, das Vergaberecht durchgehend anlassunabhängig dann für anwendbar zu erklären, wenn auf kommunaler Ebene irgend eine Leistung neu definiert werden soll. Dann würde stets ein regionaler Markt eröffnet und die bisherige Alternative der eigenunternehmerischen Erbringung könnte nur noch dann aufrecht erhalten bleiben, wenn sie im sodann entstehenden Ausschreibungswettbewerb besteht.[16]

Die zweite Entwicklungslinie besteht darin, dass die EG-Kommission über ein „Gemeinschaftskonzept für Dienstleistungen von allgemeinem Interesse" nachdenkt.[17] Wenngleich es „weder erstrebenswert noch möglich" sei, eine einheitliche neuartige Definition des Inhalts der Dienstleistungen von allgemeinem Interesse zu entwickeln, so enthalte das bestehende Gemeinschaftsrecht doch zahlreiche Elemente, die zu einem neuen Gesamtkonzept verbunden werden könnten. Dies deutet auf einen neuen, gestalterisch-politischen, nicht mehr nur kontrollierend-wettbewerblichen Zugriff auf die nationale und die kommunale Daseinsvorsorge hin; künftig u.U. zusätzlich beflügelt durch die EU-Verfassung (vgl. Art. III-6 des Konventsentwurfs). In der Folge dieser Entwicklung könnte es zur Festlegung von Mindestleistungsstandards, politischen Sachzielen und Zugangsrechten in bereichsübergreifenden Verordnungen oder Richtlinien der EU kommen. Die damit verbundene Nivellierung und Vereinheitlichung dürfte sich auf die Entscheidung für oder gegen eine Übertragung auf öffentliche Unternehmen auswirken.[18]

Die letzte Entwicklungslinie betrifft den Umgang mit den Beihilfevorschriften der Art. 87 und 88 i.V.m. mit Art. 86 Abs. 2 EG. Diese Vorschrift knüpft nämlich, wie bereits erwähnt, an die einzelne Dienstleistung an, während das Spezifikum der Leistungserbringung durch öffentliche Unternehmen in den deutschen Kommunen in der Verbindung verschiedener gemeinwirtschaftlicher und u.U. eigenwirtschaftlicher Elemente zu

---

14 *EuGH*, Urteil vom 11. Januar 2005, Rs. C-26/03 („Stadt Halle").

15 *EuGH*, Urteil vom 13. Januar 2005, Rs. C-84/03 „Kooperationsvereinbarungen Spanien".

16 Dies ist näher geschildert und belegt bei *Martin Burgi*, Die Ausschreibungsverwaltung, DVBl. 2003, S. 949 ff.

17 Nach Rz. 49 des Grünbuchs (Fn. 11); vgl. nunmehr auch das Weißbuch zu Dienstleistungen von allgemeinem Interesse vom 12. Mai 2004 (KOM [2004], 374 endg., Ziffer 3).

18 M.E. läge eine solche unionspolitische Aufladung der Daseinsvorsorge außerhalb des kompetenziellen Horizonts des Art. 86 Abs. 3 EG (ausführlicher *Martin Burgi*, Vertikale Kompetenzabgrenzung in der EU und materiell-rechtliche Kompetenzausübungsschranken nationaler Daseinsvorsorge, in: Henneke (Hrsg.), Verantwortungsteilung zwischen Kommunen, Ländern, Bund und EU, 2001, S. 90 (115 f.).

einem einheitlichen organisatorischen Gebilde mit der Möglichkeit der Binnensaldierung von Kosten und Nutzung, also in der Ganzheitlichkeit der Trägerschaft, liegt. Dies führt in der bislang praktizierten Interpretation durch die Kommission und den EuGH[19] zu einem Segmentierungsgebot in dem Sinne, dass die einzelne Beihilfe oder Vorzugsstellung einzelnen konkreten Leistungen zuzuordnen und mit deren Anforderungsprofil zu rechtfertigen ist. Während sich das Angebot eines kommunalen öffentlichen Unternehmens nach deutschem Verständnis als Gesamtpaket mit Elementen der Quersubventionierung darstellt, wird in Europa somit nach den „Nettomehrkosten" bei der Erbringung der je einzelnen Leistung gefragt. Selbst wo es gelingt, alle Einzelleistungen zu benennen, bleibt allerdings die Frage, ob und wie die Leistungen politischen Charakters sich kommerzialisieren lassen. Wie viel ist es beispielsweise wert, dass das öffentliche Abwasserunternehmen seine Kunden zur Abwasservermeidung anzuhalten versucht oder dass der städtische Verkehrsbetrieb verstärkt Lehrlinge ausbildet, jeweils jenseits gesetzlicher Pflicht oder betriebswirtschaftlicher Rationalität, eben politisch motiviert? Konkret im Beihilferecht ist jahrelang auf der Grundlage des sog. market-investor-Tests davon ausgegangen worden, dass „alle sozialen und regionalpolitischen Erwägungen", die potenziell den Charakter einer Gegenleistung und damit die Verneinung des Beihilfecharakters begründen könnten, außer Betracht zu bleiben hätten.[20]

Im rechtsdogmatischen Diskurs mit den europäischen Organen als Aufgabe der Rechtswissenschaft besteht m.E. die anzustrebende Entwicklungsperspektive im Bemühen um eine Neugewichtung der unternehmerischen Staatstätigkeit im Kompetenzgefüge EU/Mitgliedstaaten. Dabei ist von der Erkenntnis auszugehen, dass der EG-Vertrag die auf der nationalen Ebene getroffene Systementscheidung zugunsten des Einsatzes öffentlicher Unternehmen akzeptiert und diese in Art. 86 Abs. 1 als Instrumente mitgliedstaatlicher Politik legitimiert hat. Eine Rechtsetzungs- und Interpretationspraxis, die dies missachtet, stößt daher an primärrechtliche Grenzen. Einzelne Sekundärrechtsakte, Kommissionsmitteilungen wie Gerichtshofentscheidungen dürfen nicht auf kaltem Wege gefährden, was der EG-Vertrag anerkannt hat, nämlich die freie Wahl des Steuerungsinstruments „öffentliches Unternehmen" als Form der Erbringung von Daseinsvorsorgeleistungen. De lege lata sind die Organe der Europäischen Union daher zur Herstellung von Funktionsadäquanz und Chancengleichheit im Institutionenwettbewerb verpflichtet.[21]

Immerhin ist auf der Ebene der Rechtsprechung des EuGH Besserung in Sicht, und zwar in Gestalt der sog. Altmark-Entscheidung des *EuGH* vom 24. Juli 2003.[22] Dieses Urteil betrifft die kommunale Finanzierung von Daseinsvorsorgediensten, konkret die Unterwerfung von Finanzierungsmaßnahmen unter das Beihilferecht. Der EuGH stellte darin fest, dass eine kommunale bzw. staatliche Unterstützungsmaßnahme unter bestimmten Voraussetzungen nicht unter den Beihilfetatbestand des Art. 87 Abs. 1 EG fällt, und zwar dann, wenn sie als Ausgleich anzusehen ist, der die Gegenleistung für Leistungen bildet, die von den Unternehmen, denen sie zugute kommt, zur Erfüllung

19 Vgl. die Nachweise in den Fn. 41 u. 44 bei *Martin Burgi*, VerwArch 93 (2002), Fn. 7, S. 255 (267).

20 Vgl. nur *EuGH*, Urteil vom 10. Juli 1986, Rs. 40/85 (Königreich Belgien/Kommission der Europäischen Gemeinschaften), Slg. 1986, 2321 (2345).

21 Näher ausgeführt und begründet bei *Burgi*, VerwArch 93 (2002), Fn. 7, S. 274 ff.; vgl. ferner *Reiner Schmidt*, Die Liberalisierung der Daseinsvorsorge, Der Staat 42 (2003), S. 225.

22 Rs. C-280/00, Slg. 2003, I-7747.

gemeinwirtschaftlicher Verpflichtungen erbracht werden. Dann erhalte ein solches Unternehmen in Wirklichkeit keinen finanziellen Vorteil und die genannte Maßnahme bewirke nicht, dass es gegenüber den mit ihm im Wettbewerb stehenden Unternehmen in eine günstigere Lage gelange. Der Gerichtshof formulierte vier Voraussetzungen, die eine Leistung zu erfüllen habe, um als Zuschuss ohne Beihilfecharakter zu gelten: Das begünstigte Unternehmen müsse mit der Erfüllung klar definierter gemeinwirtschaftlicher Verpflichtungen auf der Grundlage von Rechtsvorschriften bzw. Einzelrechtsakten i.S.v. Art. 86 Abs. 2 Satz 1 EG betraut worden sein (1); die Ausgleichsparameter müssten vorher transparent festgelegt worden sein (2); der Ausgleich dürfe nicht über den zur Deckung der mit der Erfüllung der gemeinwirtschaftlichen Verpflichtungen entstandenen Kosten erforderlichen Umfang hinausgehen (3) und als Verfahren für die Bestimmung diesbezüglich relevanten Kosten käme entweder ein (freilich nach gemeinschaftsrechtlichen Vorgaben auszugestaltendes) Vergabeverfahren in Betracht oder aber eine Kostenanalyse durch Vergleich mit einem durchschnittlich gut geführten Unternehmen.[23]

## V. Erfahrungen und Reaktionen aus der Kommunalwirtschaft

Auf der Ebene der Kommunen und ihrer Träger herrschen verständlicherweise zahlreiche Unsicherheiten, daneben aber auch Unzufriedenheit und Kritik, was in der Summe zu verschiedenen Veränderungsvorschlägen führt. Eine der dabei eingeschlagenen Richtungen zielt auf eine Befreiung des kommunalen Unternehmertums von Zweck-, Subsidiaritäts- und Zuständigkeitsbindungen, um ihm ein kraftvolles Agieren in bestehenden und eine ertragsversprechende Ausdehnung auf künftige Märkte zu ermöglichen. Ziel solcher Bestrebungen ist insbesondere die erleichterte Ermöglichung überörtlicher Betätigung und damit eine Verbesserung der wirtschaftlichen Chancen von kommunalen Unternehmen. M.E liefe dies auf eine Entpolitisierung der Leistungserbringung durch eigene kommunale Unternehmen hinaus.[24] Mit diesem Ansatz würden die bisherigen Spezifika kommunaler öffentlicher Unternehmen beseitigt und institutionsbedingte Unterschiede, die sich im wirtschaftlichen Wettbewerb als nachteilig erweisen könnten, ausgemerzt.

Eine andere Tendenz geht dahin, sich verstärkt auf den politischen Auftrag zu besinnen und aus den damit verbundenen Nöten gleichsam Tugenden zu machen. So heißt es etwa in einem Beitrag von *Jens Lattmann* (Beigeordneter beim Deutschen Städtetag), dass sich die Städte „stärker als bisher Gedanken machen müssen über den Umfang von Leistungen, die Form der Erbringung und die daraus resultierenden Anforderungen".

23 Diese Entscheidung ist näher analysiert und kommentiert bei *Jörn Axel Kämmerer*, Strategien zur Daseinsvorsorge, NVwZ 2004, S. 28 ff.; *Andreas Bartosch*, Die Kommissionspraxis nach dem Urteil des *EuGH* in der Rechtssache Altmark – worin liegt das Neue?, EuZW 2004, S. 295; *Lorenz Wachinger*, Finanzierung öffentlicher Dienstleistungen und europäisches Wettbewerbsrecht, ZögU 2004, S. 56.

24 Mit dieser Tendenz, wenn auch mit unterschiedlichen Akzenten u.a. *Bertram Nagel,* Die öffentlichen Unternehmen im Wettbewerb, ZögU 2000, S. 428; vgl. auch die Stellungnahme des Wissenschaftlichen Beirats der Gesellschaft für öffentliche Wirtschaft „zur Beibehaltung kommunaler Dienstleistungen in der Europäischen Union", veröffentlicht in ZögU 2004, S. 187.

Wichtig sei eine Anpassung der Rahmenbedingungen, und ein Gesamtkonzept zur Rechts- und Planungssicherheit im Rahmen der EU-rechtlichen Vorgaben, und zwar de lege lata.[25] Entsprechende Überlegungen sind als „Orientierungshilfe für die Kommunen" in einem von Städtetag Nordrhein-Westfalen, Landkreistag Nordrhein-Westfalen und Städte- und Gemeindebund Nordrhein-Westfalen in Abstimmung mit dem Innenministerium Nordrhein-Westfalen verbreiteten Papier „Leistungen der Daseinsvorsorge – Konzept zur Rechts- und Planungssicherheit im Rahmen EU-rechtlicher Vorgaben (Orientierungshilfe für die Kommunen)" niederlegt. Die ständige Konferenz der Innenminister und -senatoren der Länder hat bei ihrer 73. Sitzung am 21. November 2003 in Jena dieses Papier wohlwollend zur Kenntnis genommen. Es enthält eine minutiöse Auseinandersetzung mit der Rechtsprechung des EuGH und den relevanten Kommissionsentscheidungen, wobei jeweils auf die – primärrechtlich grundsätzlich zu akzeptierenden – Spezifika einer Leistungserbringung durch kommunale Unternehmen aufmerksam gemacht wird.

## VI. Perspektiven

Will man ein Fazit ziehen und gleichzeitig einen Blick in die Zukunft werfen, so muss dies nach dem Vorstehenden ebenfalls zweigeteilt erfolgen, d.h. einerseits mit Blick auf die kommunalen Unternehmen, andererseits mit Blick auf ihre Träger. Für letztere bewirkt das Europarecht eine Veränderung der Perspektive in Richtung ihrer Positionierung als Regulierer/Besteller. Die sich hieraus ergebenden Verschiebungen und Herausforderungen sind mit strikten Vorrangregeln nicht aufzulösen. Die Kommunen erfahren durch das europäische Regulierungskonzept eine Stärkung in ihrer politischen Funktion. Es ergibt sich ein weiteres Feld des Übergangs von der Leistungs- zur Ausschreibungsverwaltung, einer Verwaltung mit anderen, aufwändigeren Aufgaben. In ihrer Rolle als Besteller/Regulierer können die Kommunen nicht mehr (nur) damit beschäftigt sein, ihrem eigenen kommunalen Unternehmen eine erfolgreiche Zukunft zu sichern. Vielmehr besteht ihre Aufgabe in der Gewährleistung einer erfolgreichen Leistungserbringung innerhalb eines Wettbewerbs um den Markt.
Die kommunaleigenen Unternehmen sind in diesem Wettbewerb einer von mehreren Bietern. Freilich sind sie keinesfalls chancenlos. Eine dauerhafte Existenzsicherung wird möglich sein, wenn es gelingt, ihre Unverwechselbarkeit zu erhalten und transparent zu machen. Diese Unverwechselbarkeit besteht in ihrer Funktion als politisches Steuerungsmedium. Als solches können sie sich gegenüber anderen Anbietern durchsetzen, wenn sie auf der Grundlage eines schlüssigen Konzepts agieren und die oben (IV) skizzierten europarechtsdogmatischen Anstrengungen Erfolg haben. Dies erfordert vermehrt Anstrengungen auch auf der nationalen Ebene, welche in erster Linie einer möglichst aussagekräftigen Zielkonzeption gelten müssen. Je schärfer die Bedingungen des Tätigwerdens kommunaler Unternehmen von der privatwirtschaftlichen Leistungserbringung abgesetzt sind, desto deutlicher treten die auferlegten Nachteile zutage und desto größer sind die Chancen, dass deren Kompensation durch Vorteilsgewährungen

25 Infrastrukturrecht 2004, S. 130 ff.

europarechtlich akzeptiert wird.[26] Die kommunalwirtschaftsrechtlichen Diskussionen um das Zweckerfordernis, die Verbesserung von Transparenz und Kontrolle, die Statthaftigkeit überörtlichen Tätigwerdens sowie die adäquate Organisationsform[27] gewinnen insoweit eine europäische Dimension. Die Verwaltungswissenschaft und die Rechtswissenschaft sind aufgefordert, den verschiedenen Steuerungsalternativen schärfere Konturen zu verleihen.

26 Wie *Johann-Christian Pielow*, Strukturen der Versorgung (Fn. 6), S. 110 ff., 735 ff., 742 ff., nachgewiesen hat, ist das französische Konzept des „service public“ insoweit erfolgreicher gewesen. Abzulehnen daher *Hans-Peter Schwintkowski*, Gemeinwohl, öffentliche Daseinsvorsorge und Funktionen öffentlicher Unternehmen im europäischen Binnenmarkt, ZögU 2003, S. 283 ff., welcher aus dem Europarecht ableiten will, dass die öffentliche Hand in Zukunft „ohne Beschränkung auf öffentliche Zwecke am Wettbewerb so teilnehmen kann und darf, wie dies private Unternehmen auch tun“.

27 Zur diesbezüglichen Notwendigkeit eines durch Art. 28 Abs. 2 GG abgesicherten Wahlrechts der Kommune vgl. *Martin Burgi*, Neue Organisations- und Kooperationsformen im europäisierten kommunalen Wirtschaftsrecht – ein Plädoyer für die kommunale Organisationshoheit, in: Ruffert (Hrsg.), Recht und Organisation. Symposion für Meinhard Schröder zum 60. Geburtstag, 2002, S. 55 ff.

## Podiumsdiskussion: Hat die Bürokratie eine Zukunft?

*Leitung: Prof. Dr. Andreas Voßkuhle, Freiburg*

Für den Diskussionsleiter Herrn *Prof. Dr. Andreas Voßuhle* stand fest, dass die Frage, ob die Bürokratie eine Zukunft habe, eindeutig positiv zu beantworten sei. Er formulierte daher die zu erörternde Frage dahingehend um, wie diese Zukunft aussehe. Prof. Dr. *Thomas von Danwitz*, Köln, führte dazu zunächst aus, dass die staatliche und kommunale Daseinsvorsorge nicht abgeschafft werden könne. Sie habe vielmehr einen großen Rückhalt in Politik und Gesellschaft. Die Frage sei aber, was den spezifischen Gehalt und Umfang von Daseinsvorsorge ausmachen solle. Gegenwärtig sei zu bedauern, dass keine Wirkungskontrolle des Verwaltungshandelns stattfinde. Vielmehr würden bestimmte Aufgaben schlichtweg durch den Entzug von Mitteln „ausgetrocknet", ohne dass dafür ein stimmiges Konzept erkennbar sei. Es gebe aber auch Bereiche der Daseinsvorsorge, die durchaus abgebaut werden könnten. Hier nannte *von Danwitz* etwa die gesamte Sparkassenorganisation, die nach seiner Ansicht eine nicht erforderliche Sonderbranche darstelle.

Landtagsdirektor Prof. Dr. *Klaus-Eckart Gebauer*, Mainz, appellierte an alle Teilnehmer der Diskussion, künftig auf das Wort „Entbürokratisierung" zu verzichten. Es führe zu falschen Vorstellungen und sei zu unpräzise. Auch das Wort „Bürokratie" sollte nach Möglichkeit vermieden werden – besser sei beispielsweise „öffentlicher Dienst". Man könne heute wieder unbefangener von „Staat" und „Amt" reden. „Institutions" und „values" würden heute wieder beachtet. Unter Bezugnahme auf das Referat von Frau Prof. *Pascale Gonod* stellte *Gebauer* fest, dass die staatliche Gewährleistungsverantwortung und die Orientierung am Gemeinwohl keine Gegensätze seien, sondern vielmehr miteinander in Einklang gebracht werden könnten. Die Bürger seien nicht nur als „Kunden" der Verwaltung zu verstehen. In Bezug auf die notwendige Reform des öffentlichen Diensts warnte *Gebauer* davor, bei den notwendigen Leistungsanreizen für die Beschäftigten in der Verwaltung nur an monetäre Vergünstigungen zu denken. Denkbar seien vielmehr beispielsweise auch Sonderprämien für ganze Teams oder Abteilungen, etwa in Gestalt zusätzlicher Stellen zur leichteren Aufgabenerledigung. Abschließend bemängelte er, dass die „Achse" zwischen Politik und Verwaltung beschädigt sei. Die beiden Bereiche müssten wieder mehr aufeinander zugehen.

Als letzter Redner wies der Präsident des Internationalen Instituts für Verwaltungswissenschaften, Prof. Dr. *Franz Strehl*, Linz, auf die Tatsache hin, dass Verwaltung und Verwaltungsreform höchst unterschiedlich wahrgenommen würden. „Reform" sei beliebt, aber kaum jemand wolle davon betroffen sein – das sei, wie er mit einem Zitat belegte, schon im Jahre 1912 so konstatiert worden. Gute Konzepte allein reichten nicht aus. Auch setze sich Sachrationalität nicht von selbst durch. Vielmehr müsse die Mikroebene der Umsetzung von Reformen sehr sorgfältig beachtet werden. Dazu verwies *Strehl* auf die interessanten Ergebnisse der Change-Forschung. Die Führungslehre müsse verstärkt in die Aus- und Fortbildung des öffentlichen Dienstes eingebracht werden. Dabei müsse wesentlich intensiver auf die negativen Aspekte von Bürokratie eingegangen werden.

Der Diskussionsleiter Prof. *Voßkuhle* zog aus den Gesprächen dieser Tagung den Schluss, dass jedenfalls mehr Konkretisierung erforderlich sei. Bis auf die Mikroebene hinab müsse genauer gefragt werden, was tatsächlich geschehe und welche Veränderungen im Detail angestrebt werden sollten.

Diskussionsbericht: *Prof. Dr. Hans Peter Bull*, Universität Hamburg

Zeitfracht Medien GmbH
Ferdinand-Jühlke-Straße 7
99095 Erfurt, Deutschland
produktsicherheit@kolibri360.de